Holger Möller

Notfallpatient Hund

Erste Hilfe für Hunde

Verlagshaus Monsenstein und Vannerdat

Die Deutsche Bibliothek - CIP-Einheitsaufnahme
Ein Titeldatensatz für diese Publikation ist bei
Der Deutschen Bibliothek erhältlich

Holger Möller, »Notfallpatient Hund
Erste Hilfe für Hunde«
© Juni 2001
Verlagshaus Monsenstein und Vannerdat
Monse und van Endert GbR Münster
www.mv-wissenschaft.com
© 2001 H. Möller
Alle Rechte vorbehalten
Umschlaggestaltung: H. Möller/T. van Endert
Fotos: Markus Friebe/Holger Möller

Printed in Germany

ISBN 3-935363-34-6

Beeindruckt vom umfangreichen Zuspruch, den mein Buchprojekt erfahren hat und der großartigen Unterstützung, die mir zuteil wurde, möchte ich mich bei all denen bedanken, die mir mit Ihrem Engagement zur Seite gestanden haben.

Vorwort

Hunde sind Lebewesen mit Charakter. So verwundert es nicht, wenn sie einen besonderen Platz in unserem Leben einnehmen. Sie begleiten uns bei Sport und Spiel, sind hilfreich als Behindertenbegleithunde, auf der Jagd und im Rettungswesen. Hunde schaffen es, dass wir Kontakt zu anderen Menschen bekommen, die wir ohne sie vielleicht nie angesprochen hätten.

Viele Hunde erfahren durch „ihren" Menschen eine umfangreiche Fürsorge: Gutes Futter, Spazieren gehen, medizinische Versorgung, verwöhnen mit Belohnungen, Streicheleinheiten und Spielzeug.

Aber auch Hunde sind nicht unverwundbar. Was ist beispielsweise bei einem Autounfall oder einer Vergiftung zu tun? Meistens sind Sie als „Frauchen" oder „Herrchen" bei der Erstversorgung des Notfallpatienten gefragt.

Die Antworten auf die Frage „was ist zu tun?" finden Sie in diesem Buch. Sie werden Merkmale und Maßnahmen bestimmter Verletzungen und Erkrankungen kennen lernen. Darüber hinaus können Sie nach der Lektüre den Ernst der Lage abschätzen. Grundsätzlich sollten Sie jedoch immer Fachleute konsultieren, wenn Unsicherheiten in bezug auf Ihren Hund bestehen.

Soweit es Sinn macht, sind die einzelnen Kapitel nach „Merkmale", „Maßnahmen" und „Information" gegliedert. So können Sie auch im Ernstfall schnell nachschlagen „was zu tun ist". Unter Informationen finden Sie Erläuterungen zum Sachverhalt. Beispielsweise warum eine bestimmte Maßnahme ergriffen werden muss oder was das Besondere an diesem

Notfall ist. Außerdem erhalten Sie Anregungen, wie Notfälle vermieden werden können.

Bitte beachten Sie, dass nicht immer alle aufgelisteten Merkmale einer Verletzung oder Erkrankung auftreten müssen. Gelegentlich kann es vorkommen, dass nur einige wenige Symptome in Erscheinung treten. Das sollte dennoch ein Warnsignal für Sie sein.

Obwohl dieses Buch einem roten Faden folgt, müssen Sie sich nicht an die vorgegebene Reihenfolge halten. Jedes Kapitel behandelt ein abgeschlossenes Thema. Soweit Informationen aus anderen Kapiteln erforderlich sind, finden Sie entsprechende Hinweise.

Üben Sie die im Buch angesprochenen Techniken mit Ihrem Hund. Sie werden feststellen, es macht Spaß. Außerdem gibt es Ihnen und Ihrem Hund im Ernstfall eine gewisse Sicherheit. Sie müssen nicht lange über bestimmte Maßnahmen nachdenken und Ihr Hund wird nicht mit belastendem, ungewohntem Prozedere konfrontiert.

Bitte beachten Sie, dass jede Notfallsituation individuell ist. Die in diesem Buch behandelten Themen sollen Ihnen Handlungsmöglichkeiten zeigen. Für die situationsgerechte Anwendung sind Sie verantwortlich.

Falls Sie Fragen oder Anregungen zum Buch haben, stehe ich Ihnen gerne zur Verfügung. Ebenso für Seminare und Vorträge. Kontaktmöglichkeiten, finden Sie auf der letzten Seite.

Ich wünsche Ihnen und Ihrem Hund, dass es beim Lesen dieses Buches und beim Üben der Techniken bleibt und Sie beide von einem Notfall verschont bleiben.

Holger Möller

Grobe Inhaltsübersicht

Ausführliche Inhaltsübersicht 8
1 Was macht einen gesunden Hund aus? 13
2 Wie können Notfälle verhindert werden? 21
3 Notfalltasche 39
4 Notruf 47
5 Notfall-Transport 51
6 Schock 61
7 Bewusstlosigkeit, Atem- / Herz-Stillstand 69
8 Verletzungen versorgen 81
9 Gefressene / verschluckte Fremdkörper 125
10 Magendrehung 133
11 Thermische Notfälle 141
12 Krampfanfälle 153
13 Vergiftungen 157
14 Verätzungen 171
15 Insektenbisse und –stiche 175
16 Lagerung bei Notfällen 187
17 Todeszeichen / Ende der Hilfsmaßnahmen 191
18 Notfallmanagement (grafische Übersicht) 197
19 Anhang 199
So erreichen Sie den Autor 207

Ausführliche Inhaltsübersicht

1 WAS MACHT EINEN GESUNDEN HUND AUS? 13

1.1 Warum dieses Thema? 14

1.2 Daran erkennen Sie einen gesunden Hund 15

1.3 So kontrollieren Sie die Normalwerte Ihres Hundes 16
- 1.3.1 Der prüfende Blick 16
- 1.3.2 Prüfen durch Berühren 17
  - Atemkontrolle 17
  - Pulskontrolle 17
- 1.3.3 Messen der Körpertemperatur 19
- 1.3.4 Beobachtung 20

2 WIE KÖNNEN NOTFÄLLE VERHINDERT WERDEN? 21

2.1 Wie Sie Notfälle bei Ihrem Hund verhindern können 22

2.2 So schützen Sie sich vor Unfällen beim Helfen 28
- 2.2.1 Retten aus dem Gefahrenreich 28
- 2.2.2 Annäherung an einen verletzten Hund 29
  - Fang zubinden (Beißen verhindern) 31
  - Weitere Fixiermöglichkeiten 34

3 NOTFALLTASCHE 39

4 NOTRUF 47

4.1 Welcher Tierarzt ist der nächste? 48

4.2 Notruf 48
- 4.2.1 3-W-Methode 49

5 NOTFALL-TRANSPORT 51

5.1 Wer transportiert den Hund? 52

5.2 Checkliste für den Notfalltransport 53

5.3 Transport zum Auto 54
5.3.1 Transport ohne Hilfsmittel 55
5.3.2 Transport mit Hilfsmitteln 56
Transport mit einer Decke 56
Transport mit einer Trage 57
Transport im Behälter 59

5.4 Transport im Auto 60

6 SCHOCK 61

Merkmale 62

Maßnahmen 63

Information 63

7 BEWUSSTLOSIGKEIT, ATEM- / HERZ-STILLSTAND 69

Merkmale 70

Maßnahmen 70

Information 75

8 VERLETZUNGEN VERSORGEN 81

8.1 Warum müssen Wunden versorgt werden? 82

8.2 Grundsätzliches zur Wundversorgung 82
Druckverband 84

8.3 Verletzungen im Kopfbereich 87
8.3.1 Nase 87
Merkmale 87
Maßnahmen 87
Informationen 88
8.3.2 Augen 89
Merkmale 89
Maßnahmen 89
Information 92

- 8.3.3 Ohren 94
  - Merkmale 94
  - Maßnahmen 94
  - Information 98
- 8.3.4 Fang 100
  - Merkmale 100
  - Maßnahmen 100
  - Information 100
- 8.3.5 Innere Kopfverletzungen 102
  - Merkmale 102
  - Maßnahmen 102
  - Information 103

8.4 Verletzungen im Rumpfbereich 104
- 8.4.1 Brustverletzungen 104
  - Merkmale 104
  - Maßnahmen 105
  - Information 107
- 8.4.2 Weichteilverletzungen im Bauch- und Beckenbereich 109
  - Merkmale 109
  - Maßnahmen 110
  - Information 111
- 8.4.3 Beckenbruch 113
  - Merkmale 113
  - Maßnahmen 113
  - Information 113

8.5 Verletzungen der Beine und Pfoten 114
- 8.5.1 Wunden im Pfotenbereich 114
  - Merkmale 114
  - Maßnahmen 114
  - Information 119
- 8.5.2 Brüche, Zerrungen, Verrenkungen 120
  - Merkmale 121
  - Maßnahmen 121
  - Information 124

9 GEFRESSENE / VERSCHLUCKTE FREMDKÖRPER 125
- Merkmale 126
- Maßnahmen 127
- Information 130

10 MAGENDREHUNG ... 133

Merkmale ... 134
Maßnahmen ... 134
Information ... 135

11 THERMISCHE NOTFÄLLE ... 141

11.1 Verbrennungen / Verbrühungen ... 142
Merkmale ... 142
Maßnahmen ... 143
Information ... 143

11.2 Hitzschlag ... 145
Merkmale ... 145
Maßnahmen ... 145
Information ... 146

11.3 Erfrierungen ... 148
Merkmale ... 148
Maßnahmen ... 148
Information ... 149

11.4 Unterkühlung ... 150
Merkmale ... 150
Maßnahmen ... 150
Information ... 151

12 KRAMPFANFÄLLE ... 153

Merkmale ... 154
Maßnahmen ... 154
Information ... 155

13 VERGIFTUNGEN ... 157

Merkmale ... 159
Maßnahmen ... 160
Information ... 161

14 VERÄTZUNGEN 171
Merkmale 172
Maßnahmen 172
Information 173

15 INSEKTENBISSE UND –STICHE 175

15.1 Insektenstiche 176
Merkmale 176
Maßnahmen 177
Information 177

15.2 Zecken 179
Merkmale 179
Maßnahmen 182
Information 183

16 LAGERUNG BEI NOTFÄLLEN 187

17 TODESZEICHEN / ENDE DER HILFSMAßNAHMEN 191
Merkmale 192
Maßnahmen 193
Information 195

18 NOTFALLMANAGEMENT (GRAFISCHE ÜBERSICHT) 197

19 ANHANG 199
Literaturtipps 200
Stichwortverzeichnis 201
Info Rettungshundestaffel 206
So erreichen Sie den Autor 207

1 Was macht einen gesunden Hund aus?

Das erfahren Sie in diesem Kapitel:

- Welche Kennzeichen ein gesunder Hund aufweist
- Wie die Kennzeichen überprüft werden können

1.1 Warum dieses Thema?

In einer Notfallsituation hat sich der Normalzustand Ihres Hundes verändert. Wenn Sie die Normalwerte kennen, fällt es Ihnen leichter, eine richtige Diagnose zu stellen und die entsprechenden Maßnahmen einzuleiten. Schließlich lassen sich nicht alle Notfälle so leicht identifizieren, wie beispielsweise eine stark blutende Wunde. Gelegentlich zeigen unsere Hunde sogar „normale" Verhaltensweisen, die einen Notfall vermuten lassen (z.B. Würgen oder Erbrechen[1]).

Dieses Kapitel hilft Ihnen dabei, die Normalwerte Ihres Hundes kennen zu lernen.

Kontrollieren Sie regelmäßig die Werte Ihres Hundes. Dadurch können Sie Abweichungen erkennen und wissen, welche Werte für Ihren Hund normal sind. Darüber hinaus gewöhnt sich der Hund an die Untersuchung, ein wertvoller Vorteil in Notsituationen.

---

[1] Gelegentliches Würgen bzw. Erbrechen ist normal z.B., weil der Hund zu schnell gefressen hat oder zu viele Haare bei der Fellpflege in den Magen gelangten. Sind Sie sich jedoch nicht sicher, ob es sich im Rahmen des Normalen bewegt, suchen Sie bitte einen Tierarzt auf.

1.2 Daran erkennen Sie einen gesunden Hund

1. glänzendes Fell
2. rosa Schleimhäute
   (z.B. Augen, Zahnfleisch und Lefzen)
3. klare Augen
4. saubere Ohren, die nicht stark riechen
5. keine verklebten Körperöffnungen:
   Augen, Ohren, After (-drüse), Nase
6. fester Kot, der leicht abgesetzt wird
7. unproblematischer Urinabsatz[2]
8. Atemfrequenz: 20 - 50 x pro Minute[3]
   (Hecheln: 130 – 400 x pro Minute)
9. Pulsfrequenz: 70 - 120 x pro Minute[3]
10. Körpertemperatur: 38 - 39° C
11. verweigert nicht die Futteraufnahme
12. interessiert und aufmerksam
    (wirkt nicht „grundlos" matt und erschöpft)

 **Hinweis**

Eine trockene und warme Nase ist für einen Hund normal und kein Anzeichen für eine Krankheit.

---

[2] Bitte achten Sie besonders nach einem Unfall auf den Urin Absatz. Der Urin darf z.B. kein Blut enthalten. Treten Probleme beim Urinabsatz nach einem Unfall auf, so ist das ein Indiz für innere Verletzungen.

[3] Die Werte gelten für einen Hund ohne Belastung. Je kleiner der Hund ist, desto höher sind die Werte.

1.3 So kontrollieren Sie die Normalwerte Ihres Hundes

1.3.1 Der prüfende Blick

Viele der zuvor genannten Eigenschaften eines gesunden Hundes lassen sich per Sichtkontrolle ermitteln (z.B. äußere Erscheinung, Zahnfleisch).

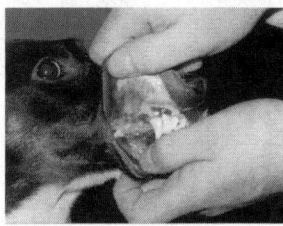

Heben Sie die Lefzen an, um zu sehen, ob diese und das Zahnfleisch rosafarben sind.

Auch die Atemfrequenz können Sie leicht ermitteln, indem Sie auf den Bauch und Brustkorb des Tieres schauen. Sie werden erkennen, dass sich diese ausdehnen und zusammenziehen.

Auch die Farbe der Nickhaut ist aufschlussreich:

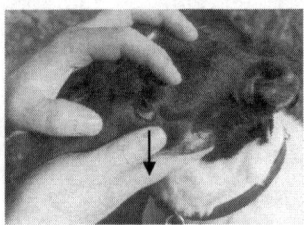

Ziehen Sie zunächst das untere Augenlid nach unten.

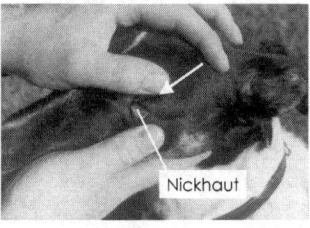

Üben Sie nun etwas oberhalb des Auges leichten Druck aus.

Die Nickhaut wird hervortreten. Im Normalfall ist sie gut durchblutet und deshalb rot.

Bei beispielsweise einem Schock kann sie blass sein.

1.3.2 Prüfen durch Berühren

Ihre Hände können ein hilfreiches „Messinstrument" sein. z.B. bei der Atem- und Pulskontrolle.

Atemkontrolle

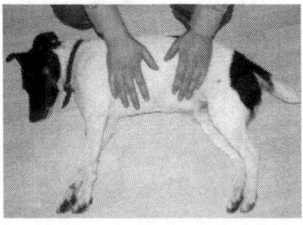

Legen Sie Ihre Hände sanft auf den Bauch und Brustkorb des Hundes. Nun spüren Sie, wie er atmet.

Am einfachsten können Sie diese Kontrolle durchführen, wenn der Hund auf der Seite liegt, es funktioniert aber auch im Stehen.

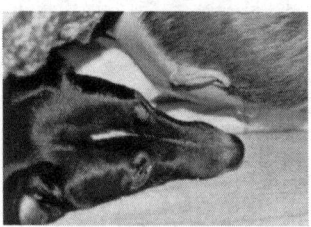

Sie können auch den Atem eines Hundes hören, wenn Sie sich dicht über seinen Fang beugen.

Pulskontrolle

Den Puls eines Hundes können Sie am Oberschenkel feststellen. Verwenden Sie dazu Ihre Fingerkuppen. Diese sind empfindlich und können den Puls leicht ertasten.

Der Daumen eignet sich nicht zur Pulskontrolle, da er einen eigenen Puls hat. Unter Umständen zählen Sie Ihren Puls und nicht den des Hundes.

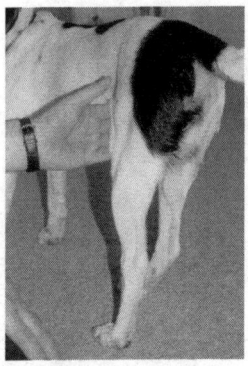
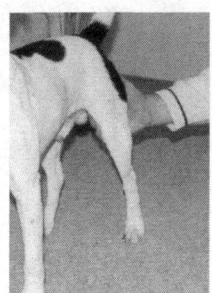

Puls prüfen (von vorn).   Puls prüfen (von hinten).

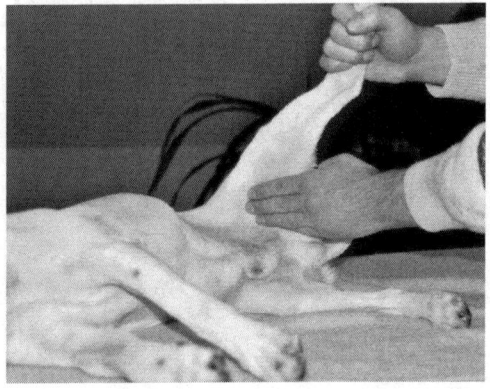

An dieser Stelle müssen Sie den Puls ertasten (von vorn oder hinten).

Wollen Sie genau erfahren, wie schnell der Puls Ihres Hundes schlägt, so müssen Sie eine Minute lang prüfen. Es ist nicht möglich, einige Sekunden zu zählen und dann, wie beim Menschen, auf eine Minute hochzurechnen.

Die Ursachen hierfür liegen im Zusammenspiel von Atmung und Herzschlag des Hundes: Atmet der Hund ein, so muss das

Herz sich zusammenziehen, da durch die sich ausdehnende Lunge der Raum im Brustinneren zu eng wird. Atmet der Hund aus, so kann sich das Herz wieder mit Blut füllen. Durch diesen Umstand kann es zu leichten Unregelmäßigkeiten beim Herzschlag kommen. Diese schaden dem Hund jedoch nicht.

1.3.3 Messen der Körpertemperatur

Zum Messen der Körpertemperatur eignet sich am besten ein digitales Thermometer aus Kunststoff.

Auf ein Messgerät aus Glas sollten Sie verzichten, da es zerbrechen und den Hund verletzten könnte. Ein Ohrenthermometer eignet sich nicht, denn diese sind auf den geraden, menschlichen Gehörgang ausgerichtet, der des Hundes ist jedoch abgewinkelt.

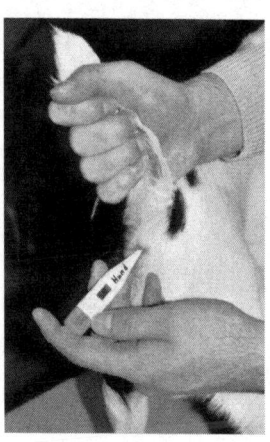

Halten Sie die Rute hoch und führen Sie das Thermometer vorsichtig ein

Die Temperatur messen Sie beim Hund im After. Dazu heben Sie die Rute des Hundes hoch und halten sie fest. Führen Sie nun das Thermometer vorsichtig und gerade in den After. Um das Einführen zu erleichtern, können Sie die Thermometerspitze mit etwas Creme versehen (z.B. Vaseline).

Bei der Messdauer richten Sie sich bitte nach den Herstellerangaben. Digitale Thermometer lassen in der Regel am Ende des Messvorgangs ein Signal ertönen.

1.3.4 Beobachtung

Wenn Sie eine Weile mit Ihrem Hund zusammengelebt haben, kennen Sie seine Gewohnheiten und Verhaltensweisen. Achten Sie darauf, ob sich sein aktuelles Verhalten von seinem bisherigen unterscheidet. Ist er z.B. auffällig matt, hat keine Lust zu spielen, obwohl er dieses ansonsten gerne macht? Dann das an einem Notfall liegen.

Es gibt zahlreiche unterschiedliche Gründe, die eine Verhaltensänderung Ihres Hundes bewirken können. Sind Sie sich nicht sicher, wie Sie die Situation einschätzen sollen, ziehen Sie bitte Ihren Tierarzt zu Rate.

2 Wie können Notfälle verhindert werden?

Das erfahren Sie in diesem Kapitel:

- Sicherheitsmaßnahmen, die das Risiko eines Notfalls für Ihren Hund verringern

- Schutzmaßnahmen, die Sie vor Schäden beim Helfen bewahren

2.1 Wie Sie Notfälle bei Ihrem Hund verhindern können

Obwohl wir eine gute tierärztliche Versorgung haben, gilt dennoch das Motto: „Vorbeugen ist besser als behandeln".

Die folgenden Tipps helfen Ihnen, Unheil von Ihrem Schützling abzuwenden, soweit es in Ihrer Macht steht.

Leine

Der Hund sollte auf Sie hören und immer in Ihrem Blickfeld sein. Hört der Hund (noch) nicht auf Sie, führen Sie in zur Sicherheit an der Leine. An verkehrsreichen Straßen sollte der Hund immer angeleint sein.

Sport

Falls Sie mit Ihrem Hund Sport treiben wollen (z.B. Fahrradfahren, Skaten, Reiten) üben Sie es mit ihm, indem Sie ihn langsam mit der Situation vertraut machen.

Heiße und kalte Tage

Lassen Sie Ihren Hund im Sommer nicht alleine im Auto. Auch schattige Parkplätze im Freien sind ungeeignet (die Sonne wandert!).

Falls es zu einem Notfall gekommen ist, lassen Sie Ihren Hund bitte nicht in der prallen Sonne liegen. Die Hitzeeinwirkung kann weitere Komplikationen

Tipp

In einer Kunststoffflasche (z.B. Cola) können Sie Wasser für Ihren Hund mitnehmen.

Die Flasche kann z.B. im Auto bleiben. So haben Sie immer Wasser zum Trinken für Ihren Hund dabei (bitte erneuern Sie gelegentlich das Wasser).

Im Notfall können Sie den Hund mit dem Wasser kühlen.

hervorrufen (siehe auch „Hitzschlag" S.145). Auch an kalten Tagen dürfen Sie den Hund nicht ungeschützt auf dem Boden liegen lassen (es droht eine Unterkühlung) (siehe auch „Unterkühlung" S.150).

Auto

Hunde sollten auf dem Rücksitz mitfahren. Am besten mit einer Hundedecke, die verhindert, dass er zwischen die Sitze rutscht.

Eine spezielle Hundedecke schützt Ihren Hund beim Bremsen vor einem Sturz zwischen die Sitze.

Obendrein bleiben die Polster sauber.

Tipp: Legen Sie an der Einstiegstelle ein Tuch unter die Decke, damit der Hund beim Einsteigen nicht auf die Polster treten muss.

Der Hund sollte nicht auf dem Vordersitz mitfahren. Dort kann er durch unerwartete Bewegungen den Fahrer stören.

Auf der Heckablage findet der Hund nicht ausreichend Halt. Bei einem Unfall oder einer starken Bremsung wird er zum „Geschoss" und gefährdet auch Sie!

Tragen Sie bitte auch dafür Sorge, dass keine Gepäckstücke den Hund verletzen können.

Falls Sie einen Kombi besitzen oder die Heckablage entfernt werden kann, ist der Hund auch im Kofferraum gut aufgehoben. In jedem Fall sollte er gesichert sein (z.B. kurze Leine, Sicherheitsgurt für Hunde oder Hundeboxen).

In einer Box reist ein Hund sicher und bequem, selbst dann, wenn sich Gepäck im Kofferraum befindet.

Bitte fahren Sie langsam, wenn Sie einen Hund am Straßenrand sehen. Er könnte plötzlich auf die Straße laufen.

Spielzeug
Das Spielzeug sollte hundegerecht sein, d.h. der Hund kann es nicht verschlucken, es splittert nicht (Achtung, Stöckchen!) und es ist ungiftig. Bitte achten Sie darauf, dass der Hund bestimmte Gegenstände nicht als Spielzeug missbraucht (z.B. Elektrokabel, Tischdecken).

Knochen

Bitte füttern Sie nur Knochen, die der Hund nicht in einem Stück verschlucken kann. Auf keinen Fall darf der Knochen splittern (bitte keine Schweine-, Schaf- oder Hühnerknochen geben). Oberschenkelknochen vom Rind sind geeignet.

Manche Hunde bekommen von Knochen Verstopfung. Ist dieses der Fall setzen Sie die Knochenfütterung ab. Legt sich die Verstopfung nicht, müssen Sie zum Tierarzt.

Verträglicher für den Hund sind Kauknochen. Sie haben ebenfalls einen zahnreinigenden Effekt.

Fenster und Türen

Machen Sie Ihren Hund mit Glastüren und -fenstern vertraut, damit er weiß, dass er nicht durch den unsichtbaren Teil hindurchlaufen kann.

Achten Sie bitte darauf, dass der Hund nicht durch Türen oder Fenster läuft, die plötzlich zuschlagen können (z.B. bei Durchzug). Bei Bedarf sichern Sie Fenster und Türen mit einem Keil o.ä.

Sorgen Sie dafür, dass der Hund nicht Gegenstände von der Fensterbank werfen kann (z.B. Blumentöpfe).

Der Hund sollte bestimmte Türen (z.B. Haustür) nicht öffnen können. Schließen Sie sie im Bedarfsfall ab.

Eine weitere Gefahrenquelle bilden offenen Fenster. Sorgen Sie dafür, dass der Hund nicht hinausspringen kann, z.B. in dem Sie ihn während des Lüftens anleinen oder nicht ins Zimmer lassen.

Gift

Bitte bewahren Sie Reinigungsmittel, Medikamente und Gifte für den Hund unzugänglich auf. Draußen sollten Fressen und Trinken tabu sein, damit das Tier nicht unversehens etwas giftiges oder Verdorbenes zu sich nimmt.

(siehe auch „Vergiftungen" S.157).

Im Dunkeln

Bei schlechten Sichtverhältnissen sollten Sie den Hund besser kenntlich machen. Dazu können Sie handelsübliche Reflektoren, Blinkies und Halsbänder nehmen. So kann ihn auch ein Autofahrer bei Nacht rechtzeitig entdecken.

Auch für Sie ist es leichter, den Hund im Auge zubehalten, falls er unangeleint läuft.

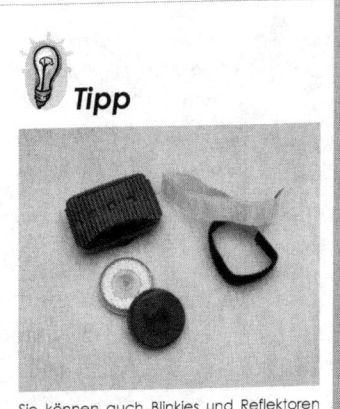

Tipp

Sie können auch Blinkies und Reflektoren für Radfahrer verwenden. Diese lassen sich gut am Halsband befestigen. Oft sind diese besser zu erkennen als spezielle Blinkies für Hunde.

Impfung / Entwurmung

Sorgen Sie immer für einen ausreichenden Impfschutz. Entwurmen Sie Ihren Hund regelmäßig (diese Maßnahmen dienen auch Ihrem eigenen Schutz). Ihr Tierarzt kann Ihnen bei der Bestimmung des richtigen Zeitpunktes weiterhelfen.

Als Alternative zu einer regelmäßigen, vorsorglichen Entwurmung können Sie den Kot des Hundes untersuchen lassen und nur bei Bedarf ein Entwurmungsmittel verabreichen.

Insekten

Lassen Sie Ihren Hund nicht nach Insekten schnappen. Ein Stich in die Atemwege kann tödlich enden.

Streunen

Lassen Sie Ihren Hund nicht herumstreunen. Er läuft Gefahr, angefahren, gebissen zu werden oder frisst verdorbene bzw. giftige Substanzen. Möglicherweise können Sie ihm dann nicht schnell genug helfen. Außerdem stellt ein streunender Hund eine Gefahr für andere Menschen und Hunde dar.

Gehorsam

Üben Sie mit Ihrem Hund, so dass er Ihre Kommandos versteht und befolgt. Es kann lebensrettend für Ihren „besten Freund" sein, wenn er auf Sie hört (z.B. herannahendes Auto).

Läufige Hündin

Läufige Hündinnen sollten stets angeleint spazieren gehen und ausbruchsicher untergebracht werden.

Wissen Sie als Besitzer eines Rüden, dass eine läufige Hündin in der (weiteren) Nachbarschaft ist, müssen Sie Ihren „liebeskranken" Hund unter Kontrolle halten. Er wird vermutlich alles versuchen, zur Hündin zu gelangen. Dabei sind ihm Gefahrenquellen (z.B. Straßenverkehr) gleichgültig.

2.2 So schützen Sie sich vor Unfällen beim Helfen

Als Helfer eines verletzten Hundes sollten Sie auch an Ihre eigene Sicherheit denken. Nur wenn Sie unversehrt bleiben, können Sie helfen.

2.2.1 Retten aus dem Gefahrenreich

Falls der Hund im Straßenverkehr verletzt wurde, sichern Sie zunächst die Unfallstelle ab und tragen Sie dafür Sorge, dass keine Folgeunfälle passieren:
- Warnblinkanlage einschalten
- Warndreieck(e) aufstellen
- Hund von der Fahrbahn schaffen
- keine Hindernisse auf der Fahrbahn stehen lassen (Autos nach Möglichkeit an der Seite parken)

Hinweis

So stellen Sie das Warndreieck richtig auf:

a) Immer am Fahrbahnrand
b) Entfernung zum Unfallort:
   Autobahn: mind. 200 m
   Landstraße: mind. 100 m
   Stadt: ca.   50 m

Vielleicht erscheinen die oben genannten Sicherheitsmaßnahmen zunächst als „Zeitverschwendung". Bedenken Sie jedoch, dass Sie sich für die Dauer der Hilfemaßnahmen in einem Gefahrenbereich aufhalten, wenn Sie dem Hund auf der ungesicherten Fahrbahn helfen!

Befindet sich das verletzte Tier im Einflussbereich von (Land-) Maschinen, schalten Sie diese zunächst aus. Gelingt Ihnen dieses nicht, so versuchen Sie (vorsichtig!) den Hund aus dem Einflussbereich des Geräts zu bringen (eventuell unter Zuhilfenahme eines Gegenstandes, wie z.B. eines Stocks oder Besens).
Es besteht für Sie Verletzungsgefahr!

Ebenfalls ist Vorsicht bei Stromunfällen geboten. Schalten Sie zuerst die Stromquelle ab (Stecker aus der Steckdose ziehen oder Sicherung ausschalten).
Berühren Sie einen Hund, der unter Strom steht, so bekommen Sie einen elektrischen Schlag!

2.2.2 Annäherung an einen verletzten Hund

Ein verletzter Hund befindet sich in einer Situation, die er nicht einordnen kann. Ihm ist unverständlicher Weise ein Leid zugefügt worden. Unter Umständen hat er Schmerzen und Angst.
Nähern Sie sich einem verletzten Hund langsam und ohne hektische Bewegungen. Reden Sie mit ihm in ruhigen und sanften Tönen. Dadurch signalisieren Sie ihm, dass Sie ihm freundlich gesonnen sind. Die Ruhe, die Sie ausstrahlen überträgt sich auch auf das Tier.

Dennoch ist Vorsicht geboten!
Selbst Ihr ansonsten friedfertiger Hund kann zubeißen, wenn er verletzt ist!

Die nachfolgenden Schritte zeigen Ihnen, wie Sie sich einem verletzten Hund nähern, ohne selbst in Mitleidenschaft gezogen zu werden *(siehe auch „Bewusstlosigkeit, Atem- / Herz-Stillstand" S.69)*.

2 Wie können Notfälle verhindert werden?
So schützen Sie sich vor Unfällen beim Helfen

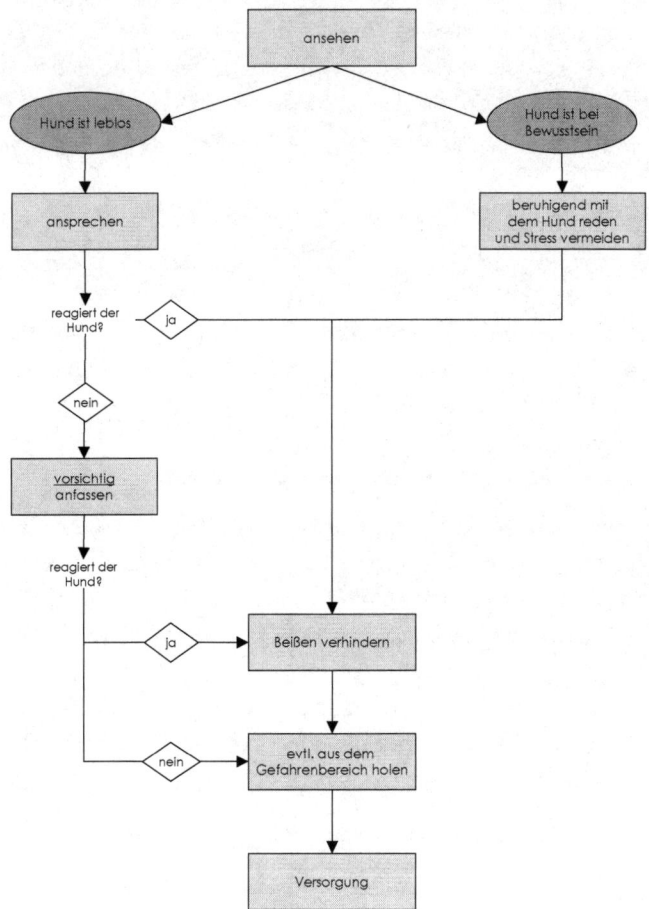

Fang zubinden (Beißen verhindern)

Achtung!

Binden oder halten Sie den Fang nur dann zu, wenn der Hund:
- keine Atemnot hat
- nicht erbricht
- bei Bewusstsein ist

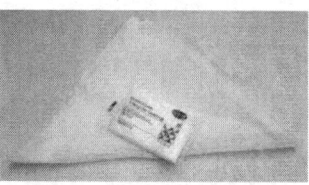

Zum Fangzubinden eignet sich ein Dreiecktuch.

Fassen Sie das Dreiecktuch an zwei Enden so an, dass die lange Seite nach oben zeigt.

Drehen Sie das Tuch solange um die eigene Achse, bis es komplett aufgewickelt ist.

2 Wie können Notfälle verhindert werden?
So schützen Sie sich vor Unfällen beim Helfen

Bilden Sie eine Schlaufe aus dem aufgewickelten Tuch.

Stülpen Sie die Schlaufe über den Fang und ziehen Sie sie vorsichtig <u>unten</u> zu.

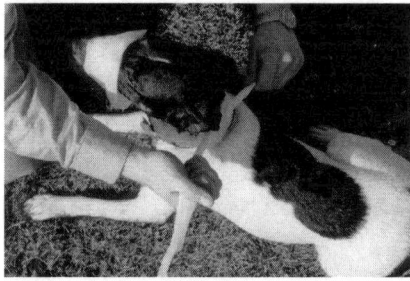

Führen Sie nun die Enden des Tuches nach hinten und verknoten Sie sie.

2 Wie können Notfälle verhindert werden?
So schützen Sie sich vor Unfällen beim Helfen

Nun kann Sie der Hund nicht mehr beißen.

Tipp

Statt eines Dreiecktuchs können Sie auch andere Materialien verwenden: z.B. Krawatten, Hand-, Halstücher oder Schals.

Das Material darf jedoch nicht einschneiden, wie z.B. Draht oder Schnüre.

Als Beißschutz können Sie auch einen Nylon-Maulkorb verwenden.

Weitere Fixiermöglichkeiten

Binden Sie den Hund mit einer Leine eng an einen Gegenstand. Kann der Hund um den Gegenstand herumlaufen (z.B. Baum), müssen Sie oder ein anderer Helfer den Hund an den Hinterbeinen festhalten.

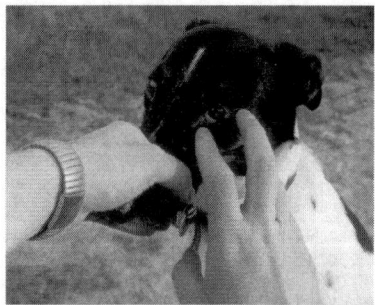

Bei kleinen Hunden können Sie den Fang mit einer Hand umfassen.

Mit der anderen können Sie den Hund untersuchen und z.B. Fremdkörper aus dem Auge entfernen.

2 Wie können Notfälle verhindert werden?
So schützen Sie sich vor Unfällen beim Helfen

Sie können den Hund auch in den „Schwitzkasten" nehmen. Achten Sie dabei auf engen Körperkontakt, damit der Hund nicht entkommen kann.

Diese Technik eignet sich gut, um beispielsweise eine Augenspülung vorzunehmen, Medikamente einzugeben oder den Hund am Kopf zu untersuchen.

Große Hunde können Sie fixieren, in dem Sie von hinten in die Lefzen greifen und den Kopf mit den Unterarmen leicht einklemmen. Ein zweiter Helfer kann nun den Hund versorgen.

Tipp

So schützen Sie Ihre Finger:
Fassen Sie einem Hund in den Fang, drücken Sie die Lefzen leicht über die Zähne. Zubeißen empfindet der Hund nun als unangenehm.

2 Wie können Notfälle verhindert werden?
So schützen Sie sich vor Unfällen beim Helfen

So legen Sie einen Hund auf die Seite: Ergreifen Sie die Ihnen zugewandten Beine. Ziehen Sie die Beine unter dem Bauch hindurch.

Beachten Sie bitte, dass ein Arm vor der Brust hergeführt wird.

Lassen Sie den Hund nah an Ihrem Körper zu Boden gleiten.

Nun können Sie den Hund mit beiden Armen auf dem Boden halten. Der Arm, der vor der Brust hergeführt wurde, liegt am Hals an und kann so den Hund auch in Kopfnähe am Boden halten.

Vorsicht: Stützen Sie sich nicht zu fest auf dem Tier ab. Der Hund könnte verletzt werden oder Atemprobleme bekommen.

3 Notfalltasche

Das erfahren Sie in diesem Kapitel:

- Was eine Notfalltasche enthalten sollte
- Was außerdem empfehlenswert ist
- Was Sie aus dem Kfz-Verbandkasten verwenden können

Es empfiehlt sich, für Ihren Hund eine Notfallapotheke zusammenzustellen, damit Sie im Ernstfall sofort das benötigte Material griffbereit haben.

Die folgenden Artikel bekommen Sie in der Apotheke, im Zoofachhandel oder im Drogeriemarkt:

Tipp

Sehr gut lassen sich die Materialien in einem Werkzeugkoffer aus Kunststoff aufbewahren. Diese robusten Koffer haben kleine Unterteilungen und herausnehmbare Fächer, die das Sortieren erleichtern und damit den schnellen Zugriff ermöglichen. Außerdem kann die Hundeapotheke leicht mitgenommen werden.

Gegenstand	Verwendungszweck	Bemerkung	sollte enthalten sein	sinnvolle Ergänzung
Cohäsive Binde	für rutschfeste Verbände	Diese Bindenart haftet nur auf sich selbst.	✓	
Coldpack	Zur Kühlung • von Prellungen • von Verstauchungen • von Insektenstichen • bei Überhitzung	Praktisch für unterwegs. Die Kälte entsteht durch einen chemischen Prozess und nicht durch Aufbewahrung im Eisfach.	✓	
Digitales Fieberthermometer	Zum Messen der Körpertemperatur	siehe „Messen der Körpertemperatur" S.19	✓	
Dreiecktuch	• Verbinden • Fang zubinden	siehe „Fang zubinden S.31	✓	
Fixierbinden	Verband anlegen	„Mullbinde" Die Binde kann auch als Ersatzleine dienen.	✓	
Heftpflaster	Fixieren von Verbänden	Nehmen Sie nach Möglichkeit ein sensitives Pflaster. Das lässt sich leichter vom Fell lösen.	✓	
Pfotenschuh	• Verbandschutz für draußen • Schutz bei wunden Pfoten	Wählen Sie den Schuh so groß, dass die Pfote mit Verband hineinpasst.	✓	
Pinzette	Fremdkörperentfernung (z.B. Stachel, Dornen, kleine Splitter)	Die Pinzette muss eine angeraute Innenseite haben, damit der Fremdkörper gut gegriffen werden kann. Anderenfalls kann er in die Wunde getrieben werden.	✓	

Gegenstand	Verwendungszweck	Bemerkung	sollte ent- halten sein	sinnvolle Ergänzung
Schere (klein) (z.B. Nagelschere)	Fellentfernung um den Wundrand	- Vorteil: Sie fahren nicht mit der Klinge über die Wunde (wie z.B. mit einem Rasierer) - Nach Möglichkeit sollten Sie eine Schere ohne Spitze verwenden	✓	
Spritze (20 ml)	- Verabreichung von Flüssigkeit / Medikamenten - Augenspülung		✓	
Verbandpäckchen	Wundbehandlung		✓	
Verbandschere	Zuschneiden von Verbänden und Pflaster		✓	
Verbandtuch	- Entfernen von Verbänden - Abdecken von (Brand-) Wunden - Zur Beatmung		✓	
Watte (mind. eine Packung)	Polsterung bei Verbänden	Bei großen Hunden (z.B. Dogge) sollten Sie mehr als eine Packung bereithalten. Einfacher zu handhaben ist medizinische Watte, Handelsübliche Haushaltswatte erfüllt allerdings auch ihren Zweck.	✓	
Wattestäbchen	- Ohrenreinigung - Auftragen von Tinkturen und Salben (an schwer zugänglichen Stellen)		✓	

Gegenstand	Verwendungszweck	Bemerkung	sollte enthalten sein	sinnvolle Ergänzung
Wundkompressen	sterile Wundauflage	Kompressen aus Mull sind besonders flexibel und können deshalb auch in verwinkelten Wundregionen (z.B. Pfote) eingesetzt werden.	✓	
Zeckenzange	Zeckenentfernung	siehe „Zecken" S.179	✓	
Antiseptikum (z.B. Betaisodona Lösung)	Wunddesinfektion	Das Antiseptikum sollte nicht in der Wunde brennen. Deshalb eignet sich z.B. Alkohol nicht.		✓
Arnika-Tinktur	Zum Einreiben bei • Prellungen • Verstauchungen • Blutergüssen • Muskelkater	• Nur zur äußeren Anwendung (giftig bei Einnahme) • Nicht auf offene Wunden auftragen • Bei einigen Hunden kann es zu Überempfindlichkeitsreaktionen der Haut kommen (z.B. Ausschlag), ggf. können Sie die Tinktur mit Wasser verdünnen. Hilft dieses nicht, müssen Sie auf den Einsatz von Arnika verzichten.		✓
Einmalhandschuhe	Können bei allen Maßnahmen am Hund getragen werden. Besonders hilfreich bei Vergiftungen und beim Freiräumen der Atemwege.			✓
Injektions-Kanüle	Punktieren bei Magendrehung	Mit dieser Nadel stechen Sie in den aufgeblähten Magen. Durch die hohle Nadel kann das Gas entweichen. (siehe „Magendrehung" S.133)		✓

Gegenstand	Verwendungszweck	Bemerkung	sollte enthalten sein	sinnvolle Ergänzung
Krallenschere	(eingerissene / abgebrochene) Krallen schneiden	Vor allem bei dunklen Krallen müssen Sie darauf achten, dass Sie nicht ins „Leben" (Blutgefäße / Nerven) schneiden, Stutzen Sie die Kralle lieber etwas weniger.		✓
Maulkorb	Beißschutz	Der Maulkorb muss dem Hund passen. Es kann allerdings auch ein Dreiecktuch, eine Fixierbinde o.ä. verwendet werden (siehe „Fang zubinden" S.31)		✓
Physiologische Kochsalzlösung (1l)	• Ausspülen von Wunden / Augen • Augenverbände (um Austrocknen zu verhindern) • Heraustretende, innere Organe umspülen	Bitte verwenden Sie nur sterile Lösungen (nicht selber herstellen oder offene Verpackungen später weiterverwenden).		✓
Taschenlampe (klein)	• Ausleuchten von Körperöffnungen (Fang, Nase, Ohren) • Testen des Pupillenreflexes			✓
Wundheilsalbe (z.B. Bepanthen)	Unterstützung der Wundheilung (z.B. wunde Pfoten im Winter, abheilende Wunden)	• Nicht auf noch blutende oder nässende Wunden auftragen • Bitte verwenden Sie die Salbe erst nach dem Spaziergang, da an eingesalbten Pfoten der Dreck haften bleibt (Schmirgelpapiereffekt)		✓

Für die Notfalltasche können Sie viele Teile aus einem Kfz-Verbandkasten verwenden:

Gegenstand	
nicht verwendbar	**ergänzen**
	(„sollte enthalten sein")
Anleitung erste Hilfe	Cohäsive Binde
Rettungsdecke (siehe unten „Hinweis")	Coldpack
Wundpflaster	Digitales Fieberthermometer
	Heftpflaster, sensitiv (fellschonend)
	Nagelschere
	Pfotenschuh
	Pinzette
	Spritze (20 ml)
	Watte (mind. eine Packung)
	Wattestäbchen
	Zeckenzange

Hinweis

Einige Hunde haben Angst vor dem lauten Rascheln der Rettungsdecke (im Ernstfall bedeutet dieses zusätzlichen, vermeidbaren Stress).

Testen Sie, wie Ihr Hund reagiert. Lässt er sich nicht an die Rettungsdecke gewöhnen, so können Sie als Alternative eine „normale" (Woll-) Decke verwenden. Diese hält ebenfalls warm, ist allerdings sperriger.

Achtung!

Medikamente sollten Sie nur in Absprache mit Ihrem Tierarzt in die Notfalltasche packen.

Folgen falscher Medikation:
- Vergiftung
- keine Verbesserung / Verschlechterung des Zustandes
- bleibende Organschäden
- Tod

4 Notruf

Das erfahren Sie in diesem Kapitel:

- Was Sie schon im Vorfeld eines Notfalls machen können
- Wie Sie den nächsten Tierarzt finden
- Welche Angaben Sie schon am Telefon machen sollten
- Was der Tierarzt wissen möchte

4.1 Welcher Tierarzt ist der nächste?

Sie sollten bei einem Notfall nicht blindlings mit Ihrem Hund zum nächsten Tierarzt fahren. Vielleicht ist dieser gerade außer Haus tätig, hat Urlaub oder keinen Notdienst. Stellen Sie dieses erst vor verschlossenen Türen fest, haben Sie wertvolle Zeit verloren.

In den meisten Tageszeitungen finden Sie eine Auflistung der ärztlichen Notdienste. Dort ist auch ein entsprechender Tierarzt aufgeführt. Polizei und Feuerwehr wissen ebenfalls, welcher Tierarzt in Ihrer Nähe helfen kann. Vermutlich kann Ihnen auch ein Landwirt, Förster oder Hundehalter mit Auskunft dienen.

> **Tipp**
>
> Erkundigen Sie sich im Vorfeld eines Notfalls bei Ihrem „Haustierarzt" und den Tierärzten in Ihrer Nähe, ob diese einen 24-Stunden-Dienst haben. Tierkliniken haben immer einen Notdienst (bitte dennoch vorher anrufen).
>
> Bringen Sie in Erfahrung, unter welcher Telefon-Nummer die Tierärzte zu erreichen sind.
>
> Speichern Sie die entsprechenden Nummern in Ihrem (Mobil-) Telefon, legen Sie sie in die Notfalltasche oder an einen anderen Ort wo sie leicht wiederzufinden ist (z.B. Portmonee).

4.2 Notruf

Sie sollten immer, bevor Sie losfahren den Tierarzt verständigen auch dann, wenn Sie genau wissen, dass dieser anwesend ist. So geben Sie die Gelegenheit, die Praxis auf den eintreffenden Notfallpatienten vorzubereiten (z.B. weitere Helfer anfordern, Blutkonserven bereithalten, Gegengifte organisieren). Bitte bedenken Sie auch, dass der Tierarzt des nachts (wohlverdient) schläft, obwohl er Notdienst hat.

Die folgende 3-W-Methode zeigt, wie Sie effektiv einen Notruf tätigen.

4.2.1 3-W-Methode

Was ist passiert

z.B. Autounfall, Vergiftung, akute Erkrankung

Wie geht es dem Hund

z.B. ist er bei Bewusstsein, sind Puls und Atmung vorhanden, sind Wunden sichtbar, Schock, auffälliges Verhalten? Bitte machen sie so genaue Angaben, wie möglich.

Warten auf Rückfragen / Anweisungen

Legen Sie nicht gleich auf. Vielleicht benötigt der Arzt weitere Hinweise von Ihnen oder er kann Ihnen schon erste Maßnahmen empfehlen. Fragen Sie gegebenenfalls nach einer Wegbeschreibung.

5 Notfall-Transport

Das erfahren Sie in diesem Kapitel:

- Verhaltensregeln beim Transport
- Transport zum Auto
- Transport mit dem Auto
- Hilfsmittel für den Transport

5.1 Wer transportiert den Hund?

In der Regel müssen Sie den Transport des Notfallpatienten übernehmen. Sie sollten dabei ruhig die Hilfe anderer beanspruchen (z.B. weil das Tier für Sie alleine zu schwer ist, Sie zu aufgeregt sind, um zu fahren oder es schneller geht, wenn jemand mithilft). Des Weiteren können Sie auch ein Taxi rufen. Weisen Sie schon während des Telefonats darauf hin, dass ein verletzter (blutender) Hund transportiert werden muss. Dadurch ersparen Sie sich zeitraubende Diskussionen mit dem Taxifahrer, der eventuell das Tier nicht mitnehmen will. Außerdem werden Sie vermutlich aufgrund der gegebenen Dringlichkeit nicht lange auf ein Taxi warten müssen.

In einigen Städten können Sie auch auf einen Tiernotfall-Service zurückgreifen. Es gibt jedoch keine einheitliche, bundesweit geltende Telefon-Nummer. Wie Sie den Service erreichen, sollten Sie im Vorfeld eines Notfalles klären (z.B. Telefonbuch, gelbe Seiten, Tierarzt fragen).
Die Tiernotfall-Services werden oft auf ehrenamtlicher Basis und nebenberuflich durchgeführt. Sie müssen deshalb damit rechnen, dass Ihnen nicht sofort ein Fahrzeug geschickt werden kann.

Der Tierarzt kommt nur in selten Fällen zum Unfallort. Aus gutem Grund. Eventuell lässt es die momentane Praxissituation nicht zu, dass er sofort zum Notfallort kommen kann (z.B. Operation). Außerdem stehen ihm die umfangreichen diagnostischen Möglichkeiten (z.B. Labor oder Röntgengerät) nicht am Unfallort zur Verfügung.

5.2 Checkliste für den Notfalltransport

Die nachfolgende Checkliste zeigt Ihnen, woran Sie vor der Fahrt zum Tierarzt denken sollten. Sie können sich die Liste kopieren und an eine Stelle legen, wo Sie sie auch im Notfall finden (z.B. ins Auto, in die Notfalltasche, neben das Telefon, ins Portmonee).

- [ ] Hund versorgen
  (Versorgung während der Fahrt aufrecht erhalten)

- [ ] Tierarzt anrufen
    - **W**as ist passiert?
    - **W**ie geht es dem Hund?
    - **W**arten auf Rückfragen / Anweisungen
    - eventuell Wegbeschreibung erfragen

- [ ] Fahrer / Taxi organisieren

- [ ] Wegbeschreibung mitnehmen

- [ ] Gift mitnehmen
  (nach Möglichkeit Packung bzw. Beipackzettel)

- [ ] Ausscheidungen mitnehmen
  (z.B. Erbrochenes, Kot)

5.3 Transport zum Auto

Ist Ihr Hund nicht mehr in der Lage selbst zu laufen, müssen Sie selbst „Hand anlegen". Da das Auto nicht immer in unmittelbarer Nähe zum Unfallort steht (z.B. bei einem Waldspaziergang), beschäftigt sich dieses Kapitel mit Tipps und Tricks, wie der Hund angemessen zum Auto transportiert werden kann.

Tipp

Fahren Sie so nah an den Unfallort heran, wie möglich. Dadurch ersparen Sie dem Hund einen holprigen (schmerzhaften) Behelfstransport (z.B. auf dem Arm).

Müssen Sie erst das Auto holen, lassen Sie den Hund bitte keinen Augenblick aus den Augen (eventuell muss eine zweite Person bei ihm bleiben!).

Hinweis

Lagerung während des Transports
Ist der Hund bei Bewusstsein, so wird er in der Regel die für ihn beste Haltung einnehmen. Falls er es zulässt, legen Sie ihn in die Schocklage *(siehe „Schock" S.61)*

Einen bewusstlosen Hund müssen Sie auf die rechte Seite legen. Ausnahme: Brustverletzung. In diesem Fall legen Sie den Hund auf die verletzte Seite. (Achtung: <u>immer</u> zunächst die Atmung sichern siehe *„Bewusstlosigkeit, Atem- / Herz-Stillstand" S.69).*

5.3.1 Transport ohne Hilfsmittel

Wenn die Größe und das Gewicht des Hundes es zulassen, können Sie ihn auf dem Arm tragen.

Darauf müssen Sie achten:
1. Fassen Sie nicht unter Bauch und Brustkorb (das erschwert die Atmung und kann innere Verletzungen verschlechtern)
2. Tragen Sie den Hund nah am Körper
3. Umfassen Sie den Hund mit Ihren Armen. Dadurch rutscht er nicht nach vorne weg und Sie können das Gewicht besser tragen

Ist der Hund zu schwer, um ihn auf dem Arm zu tragen, können Sie ihn auf den Schultern transportieren.

Diese Technik müssen Sie vorher mit Ihrem Hund trainieren, damit sich das Tier an diese Transportart gewöhnen kann.

5.3.2 Transport mit Hilfsmitteln

Transport mit einer Decke

Sind Sie zu zweit, können Sie den Hund mit einer gewöhnlichen Decke tragen.

Darauf müssen Sie achten:
1. Jeder Helfer nimmt zwei Ecken der Decke fest in die Hände
2. Der Helfer am Kopf des Tieres hält zusätzlich das Halsband mit dem Daumen fest (dadurch kann der Hund nicht plötzlich aufspringen und von der Decke fallen)
3. Tragen Sie den Hund ruhig und verhindern Sie ein Schaukeln der Decke
4. Laufen Sie nicht (Sie könnten stürzen)

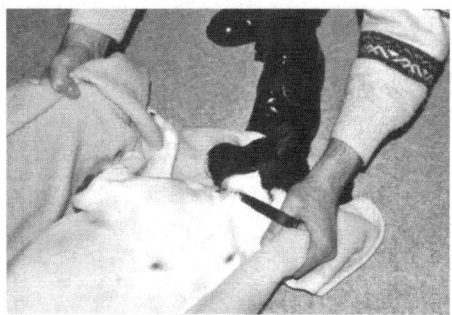

Sie können den Hund auch auf einer Decke, einem Mantel oder ähnlichem schleifen.
Eventuell müssen Sie diese Technik mit Ihrem Hund üben.

Transport mit einer Trage

Unterwegs können Sie schnell mit einfachen Mitteln eine Trage bauen.

Sie benötigen:
- eine Jacke
- 2 Äste, Stangen, Schirme oder ähnliches

So gehen Sie vor:
1. ziehen Sie die Ärmel nach innen
2. schließen Sie die Jacke vollständig
   (z.B. Reißverschluss komplett zuziehen)
3. schieben Sie nun durch jeden Ärmel einen Ast

5 Notfall-Transport
Transport zum Auto

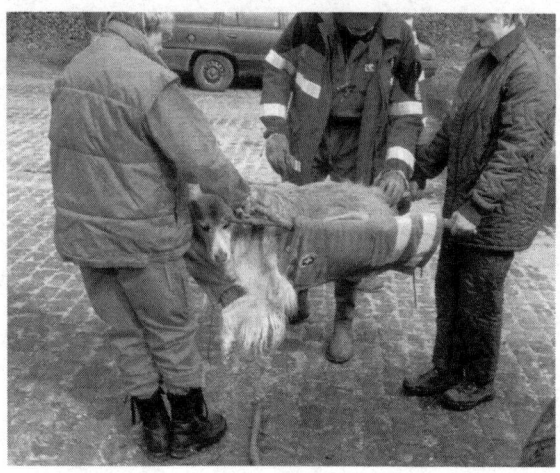

Tipp

Als Trage eignet sich auch ein (Bügel-)Brett, insbesondere bei Verletzungen der Wirbelsäule. Achten Sie darauf, dass das Brett breit genug für den Hund ist.

Für den Transport auf einem Brett benötigen Sie eine weitere Person, die den Hund festhält. Sie können auch wie beim Transport mit einer Decke in das Halsband des Hundes greifen *(siehe S.56)*.

Bleibt der Hund nicht auf der Trage liegen oder sitzen, können Sie ihn mit der Leine fixieren, indem Sie in eine Hand einen Tragengriff und die Leine nehmen.

Vielleicht findet sich eine dritte hilfsbereite Person, die den Hund festhält.

Transport im Behälter

Sie können Ihren Hund auch in einem stabilen Karton, Wäschekorb oder ähnlichem transportieren.

Darauf müssen Sie achten:
1. Das Behältnis muss das Gewicht des Hundes tragen können
2. Es darf nicht zu eng für den Hund sein
3. Ist der Hund bewusstlos, muss das Behältnis so groß sein, dass der Kopf überstreckt werden kann

5.4 Transport im Auto

Bitte beachten Sie während der Fahrt folgendes:

- Hund angemessen lagern
  - „rutschfest" (vermeidet unnötige Beanspruchung der Verletzungen und Stress)
  - Hund in der Haltung belassen, die er einnimmt bzw. bei bewusstlosem Hund Seitenlagerung

  (siehe „Bewusstlosigkeit, Atem- / Herz-Stillstand" S.69) / eventuell Schocklage (siehe „Schock" S.61)
- Stress vermeiden
  - nach Möglichkeit ruhig und sanft fahren
  - Radio ausschalten
  - beruhigend auf den Hund einwirken (z.B. reden, eventuell streicheln)
- nicht rauchen (Rauchen verringert die Sauerstoffzufuhr und erhöht den Stress)
- nicht füttern (auch keine Belohnungen)
- Hund beobachten und Vitalwerte (Puls / Atmung) häufig kontrollieren

Tipp

Falls es möglich ist, lassen Sie sich zum Tierarzt fahren. Dadurch können Sie sich ganz Ihrem Hund widmen (beruhigen, Puls und Atmung kontrollieren, etc.).

6 Schock

Das erfahren Sie in diesem Kapitel:

- Was ein Schock ist
- Merkmale eines Schocks
- Maßnahmen gegen Schock
- Versorgungsreihenfolge

Merkmale

(Es müssen nicht immer alle Merkmale auftreten)

- untypisches Verhalten (beißt seinen Besitzer, rennt ängstlich davon, verkriecht sich, wirkt verwirrt)
- blasse Schleimhäute
- Zittern
- Frieren
- kalte Pfoten, Rute und Ohren
- Taumeln / Benommenheit
- plötzliches Zusammenbrechen (auch Stunden nach dem auslösenden Ereignis, z.B. Unfall)
- schneller Puls (kaum oder gar nicht tastbar)
- erhöhte Atmung
- geringer oder kein Urinabsatz
- Unruhe, starker Juckreiz, Hautausschlag
  (bei allergischem Schock)

Achtung!

Bei allen Notfällen (z.B. Unfall, Vergiftungen, Kreislaufproblemen), müssen Sie zusätzlich mit einem Schock rechnen.

Maßnahmen

- beruhigen (eventuell Beißschutz anlegen)
  (siehe „Fang zubinden S.31)
- Schocklage (hinten nur hochlagern, wenn in der vorderen Körperhälfte keine Verletzungen vorliegen)
- Wärme erhalten (z.B. zudecken) – nicht aktiv Wärme hinzufügen (z.B. mit Wärmflasche)
- Blutungen stillen
- sofort zum Tierarzt
  (siehe „Notruf" S.47 / „Notfall-Transport" S.51)

Bei der Schocklage liegt der Hund auf der rechten Seite. Der hintere Körperteil des Hundes wird höher gelagert z.B. mit einer Decke oder Jacke.

Information

Oft wird der Schock mit einem einfachen Schrecken gleichgesetzt. Damit darf der hier angesprochene Zustand nicht verwechselt werden, denn es handelt sich um eine ernstzunehmende Kreislaufbelastung, die zum Tode führen kann.

Die Ursachen eines medizinischen Schocks sind sehr vielfältig. Beispielsweise allergische Reaktionen (z.B. auf Penicillin), Blutverlust, Unterkühlung, Überhitzung, Vergiftung, Schmerzen. Im

wesentlichen ist an einem Schock mindestens eine der folgenden Komponenten beteiligt:
1. Herz
2. Gefäße
3. Blut
4. Nervensystem

Wird eine dieser Komponenten negativ beeinflusst, kann es zu einem Schock kommen. So führt z.B. eine Herzschwäche zu einem Schock.

Bestimmte Substanzen können eine reflektorische Weitstellung der Gefäße bewirken. Derartiges geschieht beispielsweise bei bestimmten Vergiftungen und allergischen Reaktionen.

Die dritte erwähnte Komponente das Blut, spielt z.B. eine Rolle bei Verletzungen mit Blutverlust. Dabei ist es gleichgültig, ob es sich um eine offene Wunde handelt oder um innere Blutungen. Bedeutsam ist, dass das Blut nicht mehr dem Blutkreislauf zur Verfügung steht. Gleiche Auswirkungen haben starke Flüssigkeitsverluste (z.B. durch Erbrechen, Durchfall, Verbrennungen und Verbrühungen). Auch einige Gifte und Infektionen wirken sich auf das Blut aus.

Schmerzen können das Nervensystem derart irreführen, dass es zu Fehlsteuerungen kommen kann (z.B. Weitstellung der Gefäße).

Die nachfolgende Grafik veranschaulicht den Ablauf eines Schocks über seine drei Phasen:

6 Schock

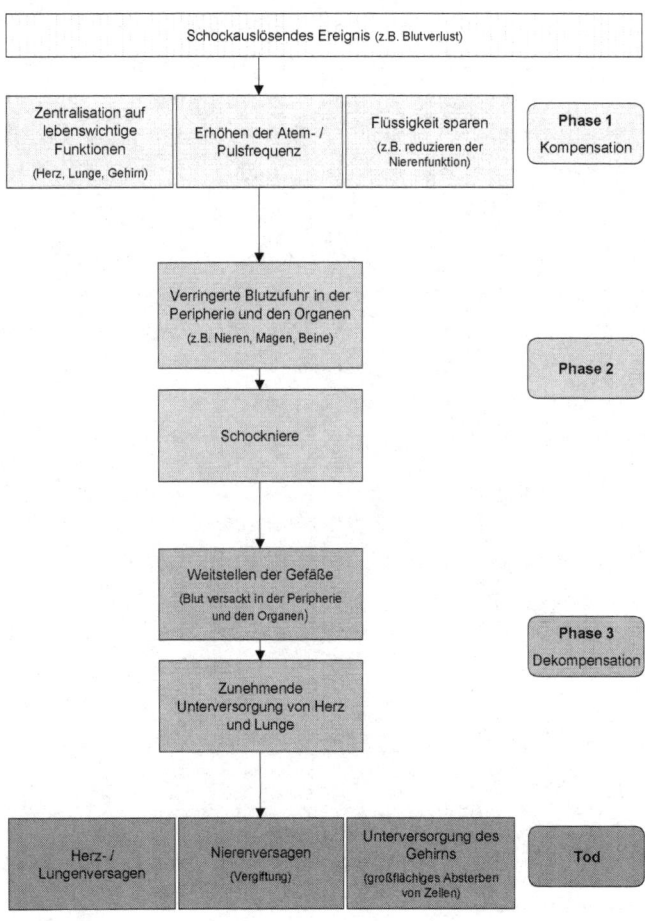

Grundsätzlich müssen Sie immer bei einem Notfall auch mit der Begleiterscheinung „Schock" rechnen. Lassen Sie sich nicht von z.B. einem glimpflich ausgegangenen Autounfall täuschen. Auch wenn der Hund zunächst weiterläuft als wäre nichts passiert, kann er später in Folge eines Schocks zum Notfallpatienten werden (eventuell bricht der Hund „plötzlich" zusammen).

Vorsichtshalber sollten Sie Ihren Hund nach einem potentiell schockauslösenden Ereignis (z.B. Unfall) von einem Arzt untersuchen lassen. Weist das Tier bereits Schocksymptome auf, ist Eile geboten. Denn nur in der ersten, eventuell in der zweiten Schockphase ist dem Hund noch zu helfen. Befindet er sich bereits in Phase drei, wird er unweigerlich sterben!

Haben Sie einen verletzten Schockpatienten vor sich, legen Sie ihn zunächst hin (Schocklage). Durch die hinten erhöhte Lagerung gelangt nun wieder Blut in das unterversorgte Gehirn. Verzichten Sie auf das Hochlagern, wenn Sie Verletzungen in der vorderen Körperhälfte (insbesondere am Kopf) entdecken können. Durch die vermehrte Blutversorgung, die das Hochlagern mit sich bringt, kann durch Wunden mehr Blut entweichen, als bei flacher Lagerung. Hinzu kommt, dass ein erhöhter Druck in der vorderen Körperhälfte entsteht. Bei Schädel- / Hirnverletzungen kann dieser Druckanstieg Komplikationen verursachen (Bewusstlosigkeit, Tod).

Bitte denken Sie auch an Ihre Sicherheit. Selbst Ihr eigener Hund kann Sie beißen, da ihn die Situation eventuell überfordert und sein Gehirn aufgrund der Kreislaufschwäche Fehlfunktionen aufweist.

Als nächstes müssen Sie unbedingt vorhandene Blutungen stoppen. Mit weiterem Blutverlust verschlechtert sich gleichzeitig der Zustand des Hundes.

Decken Sie das Tier zu, damit es keine weitere Wärme verliert. Auf keinen Fall dürfen Sie aktiv Wärme hinzufügen, da sich durch diese Maßnahme die Blutgefäße weiten, was unweigerlich eine Verschlechterung des Zustandes verursacht.

Als nächstes müssen Sie zum Tierarzt.

Während Ihrer ersten Hilfemaßnahmen sollten Sie den Hund beruhigen. Bitte vermeiden Sie Stress (z.B. Schmerzen, laute Musik, hektisches Umherlaufen). Unruhe wird sich auf den Hund übertragen und seinen Kreislauf zusätzlich belasten.

7 Bewusstlosigkeit, Atem- / Herz-Stillstand

Das erfahren Sie in diesem Kapitel:

- Merkmale und Gefahren der Bewusstlosigkeit
- Maßnahmen bei Bewusstlosigkeit
- Beatmen
- Herzdruckmassage

Merkmale

(Es müssen nicht immer alle Merkmale auftreten)

- Hund wirkt leblos
- nicht erweckbar
  (weder durch ansprechen, noch durch anfassen)
- erschlaffte Muskulatur
- verminderte oder keine Reflexe
- Erbrochenes im Fang
- blaue Schleimhäute / Zunge
- kein Puls
- keine Atmung

Maßnahmen

- ansehen
  (bewegt sich der Hund, sind Verletzungen zu sehen?)
  (siehe auch „Annäherung an einen verletzten Hund" S.29)
- ansprechen
- anfassen
- Hund auf die rechte Seite legen (über den Bauch drehen), falls kein Verdacht auf Wirbelsäulenverletzung besteht (z.B. nach einem Verkehrsunfall oder Sturz aus großer Höhe)
- Fremdkörper aus dem Fang entfernen
  (z.B. Stöckchen, Knochen, Erbrochenes)
- Zunge aus dem Fang legen
- Kopf überstrecken (Kopf und Rücken müssen ungefähr eine Linie bilden)
- Atmung überprüfen *(siehe „Atemkontrolle" S.17)*
- Puls prüfen *(siehe „Pulskontrolle" S.17)*

Die folgenden Maßnahmen richten sich nach den Ergebnissen der Atem- und Pulskontrolle:

Atmung / Puls vorhanden

- hinten erhöht lagern, falls keine Verletzungen in der vorderen Körperhälfte vorliegen

Atmung nicht vorhanden / Puls vorhanden

- flach lagern (auf rechte Seite)
- beatmen (ca. 20x pro min.)

solange, bis die Atmung wieder einsetzt hat

Atmung / Puls nicht vorhanden

- flach auf festem Untergrund lagern (auf rechte Seite)
- 2x beatmen
- 10x Herzdruckmassage

so lange, bis Atmung und Puls wieder vorhanden sind

Achtung!

Gefahren für den Hund bei zu schneller oder zu heftiger Beatmung:
- Erbrechen
- Hochstehen des Zwerchfells (erschwert Lungenausdehnung)

Hinweis

Beatmen Sie den Hund vorsichtig und langsam (ca. alle 1-2 Sekunden 1x).

Anhaltspunkt:
Der Brustkorb wird sich während der Beatmung heben. Warten Sie, bis er sich wieder vollständig gesenkt hat. Dann können Sie mit der nächsten Beatmung fortfahren.

Pusten Sie nur so viel Luft in die Lungen, bis sich der Brustkorb hebt.

Im Anschluss geht es wieder einheitlich weiter:
- jede Minute Puls und Atmung prüfen
- **sofort zum Tierarzt** *(siehe „Notruf" S.47 / „Notfall-Transport" S.51)*

Die folgende Grafik zeigt auf einem Blick die zuvor beschriebenen Maßnahmen:

7 Bewusstlosigkeit, Atem- / Herz-Stillstand

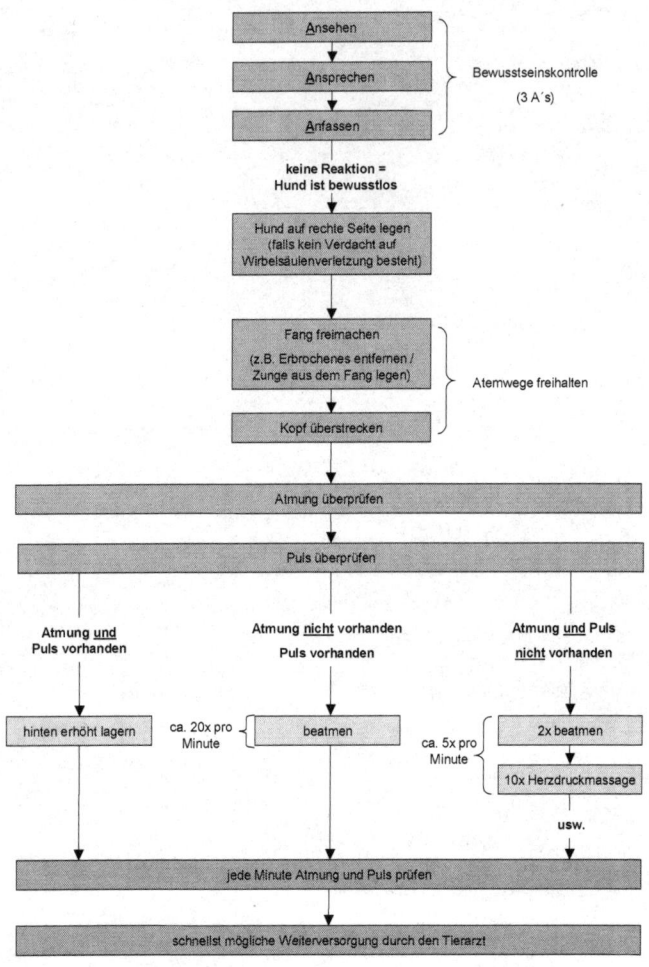

7 Bewusstlosigkeit, Atem- / Herz-Stillstand

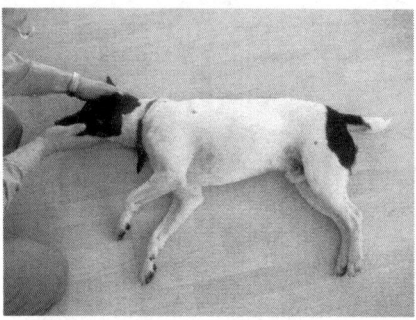

Nach dem Sie den Fang freigemacht haben, müssen Sie den Kopf überstrecken. Er sollte ungefähr eine Linie mit dem Rücken bilden.

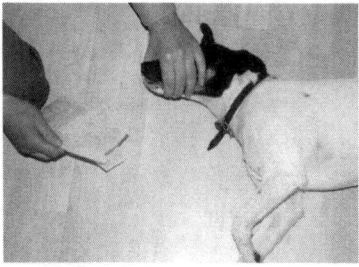

Umfassen Sie den Fang des Hundes mit leichtem Druck. So verhindern Sie, dass die Luft beim Beatmen an den Lefzen entweichen kann. Bei größeren Hunden müssen Sie evtl. mit beiden Händen den Fang umschließen.

Tipp

Zum Beatmen können Sie auch ein durchlässiges Tuch nehmen (z.B. Verbandtuch).

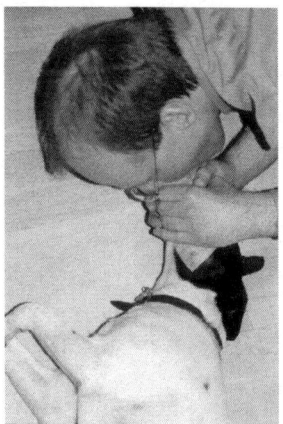

Umschließen Sie die Nase dicht mit Ihrem Mund, damit keine Luft an der Seite entweichen kann. Beatmen Sie den Hund 2x.

Die Drucktiefe müssen Sie den individuellen Gegebenheiten anpassen. Als Faustformel gilt: Je größer der Hund, desto tiefer können Sie den Brustkorb eindrücken. Drücken Sie nur so tief, wie der Brustkorb es relativ leicht zulässt.

Achtung!

Brechen bei der Wiederbelebung Rippen, so müssen Sie unbedingt (vorsichtig) weiter machen. Hören Sie auf, ohne dass das Herz wieder schlägt und der Hund atmet, wird er sterben!

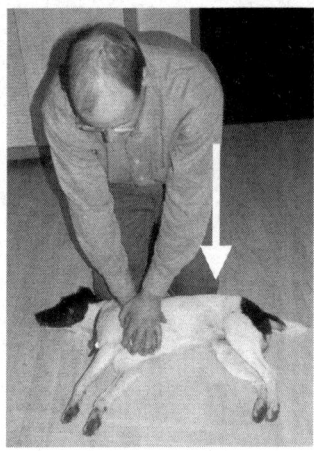

Der Ansatzpunkt für die Herzdruckmassage ist direkt neben der linken Schulter.

Knien Sie hinter dem Hund. Lassen Sie die Arme gestreckt und drücken Sie schnell 10x senkrecht auf den Brustkorb.

Information

Bewusstlosigkeit kann verschiedene Ursachen haben. Beispielsweise kann sie nach einem Autounfall auftreten (auch noch Stunden danach!). Unterkühlung, Hitzschlag, Gift oder Sauerstoffmangel können ebenfalls Bewusstlosigkeit hervorrufen. Nicht zu vergessen, starker Blutverlust, Magendrehung und allergische Reaktionen.

Obwohl die Ursachen für eine Bewusstlosigkeit vielfältig sind, machen sich die Auswirkungen für einen Ersthelfer im wesentlichen immer gleich bemerkbar. Dieses gilt auch für die zu ergreifenden Maßnahmen.

Im Grunde lassen sich drei Stadien der Bewusstlosigkeit bzw. Bewusstseinseintrübung unterscheiden:

1. **Benommenheit**: Der Hund taumelt, ist orientierungslos
2. **Ohnmacht**: Das Tier liegt nahezu regungslos auf dem Boden, Puls und Atmung sind vorhanden. Nach einiger Zeit kann der Hund wieder zu sich kommen.
3. **Koma**: Der „tiefe Schlaf". Das Tier ist nicht erweckbar. In diesem Zustand kann es auch zum Ausfall von Puls und Atmung kommen. In der Regel ist die Muskulatur erschlafft (Ausnahme: Krampfanfälle) und das Tier zeigt kaum noch Reflexe

(siehe auch „Todeszeichen / Ende der Hilfsmaßnahmen" S.191)

Die genannten drei Bewusstseinsstörungen müssen nicht nacheinander auftreten. Ihr Hund kann sofort z.B. ins Koma fallen.

Unter Umständen lässt sich nicht unmittelbar die Stärke der Bewusstlosigkeit ausmachen. Fassen Sie deshalb den Hund nicht sofort an, auch wenn er regungslos erscheint. Er könnte beißen.

Gehen Sie wie im Schema auf S. 72 beschrieben vor.

Beim *Ansehen* können Sie eventuell schon Ursachen und erste Anzeichen für die Tiefe der Bewusstlosigkeit ausmachen.

Regt sich der Hund nicht mehr, so können Sie zum *Ansprechen* übergehen.

Bleibt der Hund regungslos, so können Sie ihn vorsichtig *Anfassen*. Reagiert er nicht auf sanfte Berührungen, kneifen Sie ihn zwischen seine Zehen oder in seine Lefzen. Bei weiterhin ausbleibenden Reaktionen können dem Hund zunächst an ein Augenlid und danach auf das geöffnete Auge (vorsichtig) fassen. Diese Berührungen lösen im Normalzustand Reflexe aus. Reagiert der Hund selbst auf Kneifen oder Berühren der Augen nicht, so befindet er sich im Koma *(siehe auch „Todeszeichen`/ Ende der Hilfsmaßnahmen" S.191)*.

Es ist Eile geboten.

Legen Sie den Hund zunächst auf die rechte Seite, damit das Tier in der richtigen Position für eine eventuell bevorstehende Herz-Lungen-Wiederbelebung (Beatmen und Herzdruckmassage) gelagert ist. Bitte drehen Sie den Hund nicht über den Rücken auf die rechte Seite. Sie können dadurch eine Magendrehung auslösen *(siehe „Magendrehung" S.133)*. Auch wenn es aufwendiger ist, weil die Beine stören, müssen Sie den Hund über den Bauch drehen. Auf das Drehen des Hundes sollten Sie verzichten, falls der Verdacht auf eine Wirbelsäulenverletzung besteht (z.B. nach Verkehrsunfall oder Sturz aus großer Höhe).

Der Hund könnte ersticken. Z.B. an Fremdkörpern, wie Erbrochenem, in den Atemwegen. Darüber hinaus erschlafft die Muskulatur bei einem bewusstlosen Tier und damit auch die Zunge, die dadurch die Atemwege verlegen kann.

Zunächst müssen Sie vorhandene Fremdkörper aus dem Fang entfernen. Danach überstrecken Sie den Kopf in den Nacken (bis er ungefähr eine Linie mit dem Rücken bildet). Durch diese Maßnahme wird die Zunge aus den Atemwegen befördert. Da dieser Muskel jedoch relativ lang ist, kann der Teil im Fang immer noch die Atmung behindern. Aus diesem Grund legen Sie die Zunge heraus.

Um die Atemwege freizuhalten, sollten Sie den Hund hinten etwas erhöht lagern. Legen Sie z.B. eine Jacke oder Decke unter. Dadurch entsteht ein Gefälle zum Fang hin. Sollte nun etwas in die Atemwege gelangen (z.B. Blut oder Erbrochenes), kann es durch den geöffneten Fang abfließen. Gleichzeitig verringern sie das Risiko, dass der Hund Fremdkörper anatmet und daran erstickt.

Jetzt müssen Sie überprüfen, ob Sie erfolgreich waren und der Hund atmet *(siehe „Atemkontrolle" S.17)*. Im Anschluss überprüfen Sie den Puls *(siehe „Pulskontrolle" S.17)*.

Ist keine Atmung festzustellen, müssen Sie den Hund sofort beatmen, damit er eine Überlebenschance hat und insbesondere sein Gehirn keinen Schaden auf Grund des Sauerstoffmangels nimmt.

Beatmen Sie nicht zu heftig oder zu schnell. Anderenfalls kann sich die Luft teilen. Ein Teil wird den gewollten Weg über die Luftröhre in die Lunge finden. Der andere Teil gelangt über die Speiseröhre in den Magen. Dadurch entsteht ein Überdruck, der den Mageninhalt nach außen presst – der Hund erbricht. Das Erbrochene kann wiederum die Atemwege verlegen. Selbst wenn es Ihnen gelingen sollte, die Atemwege wieder freizubekommen, verlieren Sie auf jeden Fall kostbare Zeit.

Auch das Herz benötigt für seine Funktion Sauerstoff. Setzt die Atmung aus, so wird kurze Zeit später das Herz versagen. Dieses können Sie durch einen fehlenden Puls *(siehe „Pulskontrolle" S.17)* oder einem fehlenden Herzschlag an der linken Brustseite feststellen. In einem solchen Fall genügt es nicht mehr, den Hund ausschließlich zu beatmen, da für die Aufnahme des Sauerstoffes das Blut vom Herzen durch den Körper gepumpt werden muss. Sie müssen zusätzlich zum Beatmen auch für den Bluttransport im Körper sorgen.

Für diesen Zweck eignet sich die Herzdruckmassage. Durch das Drücken auf den Brustkorb wird das Herz zusammengepresst. Das in ihm enthaltene Blut wird in den Körper gedrückt. Entlasten Sie den Brustkorb, füllt sich das Herz wieder selbständig mit Blut.

Durch eine angemessene Geschwindigkeit (innerhalb 2 Sekunden 3x drücken[4]) bei der Herzdruckmassage können Sie einen minimalen Kreislauf aufrecht erhalten. Das reicht aus um die „Lebensachse" (Gehirn, Lunge und Herz) mit Sauerstoff zu versorgen.

Sie müssen zusätzlich zur Herzdruckmassage Sauerstoff zuführen (Beatmen). Da beides nur abwechselnd möglich ist, beatmen Sie zunächst 2x und drücken danach 10x auf den Brustkorb. Beides schaffen Sie ca. 5x pro Minute.

Nach einem Durchgang (2x beatmen, 10x drücken) müssen Sie die Atmung und den Puls überprüfen. Sie verfahren so weiter, bis Sie Atmung und Pulsschlag feststellen können. Bleiben Ihre Mühen nach ca. 30 Minuten ergebnislos, können Sie

---

[4] Würden Sie ausschließlich eine Herzdruckmassage durchführen, kämen Sie bei diesem Tempo auf ca. 100 Kompressionen pro Minute! Bei kleinen Hunden sollten Sie schneller drücken.

die Reanimation abbrechen, da keine Hoffnung mehr für Ihren Hund besteht *(siehe auch „Todeszeichen / Ende der Hilfsmaßnahmen" S.191)*.

Sie können eine Herz-Lungen-Wiederbelebung auch zu zweit durchführen. Der Ablauf ist der gleiche, wie der zuvor beschriebene. Allerdings ist bei der Zwei-Helfer-Methode eine Person ausschließlich für die Beatmung und die andere für die Herzdruckmassage zuständig. Bitte führen Sie das Beatmen und die Herzdruckmassage nacheinander durch. Nur so funktioniert die Wiederbelebung.

8 Verletzungen versorgen

Das erfahren Sie in diesem Kapitel:

- Themen:
  Wunden, Brüche, Verrenkungen,
  Zerrungen und Verstauchungen

- Warum Wunden versorgt werden müssen

- Grundsätzliches zur Wundversorgung

- Was zu tun ist bei Verletzungen
  - im Kopfbereich
  - im Rumpfbereich
  - der Beine und Pfoten

8.1 Warum müssen Wunden versorgt werden?

Das Blut ist für die Versorgung der Organe mit lebenswichtigen Stoffen verantwortlich (z.B. Nährstoffe und Sauerstoff). Außerdem spielt es eine große Rolle im Immunsystem und Wärmehaushalt des Hundes.

Ebenso ist es für den Abtransport von Stoffwechselprodukten zuständig (z.B. CO_2).

 **Hinweis**

Scheinbar harmlose Blutungen können ihre Ursache in verborgenen (schwerwiegenderen) Verletzungen haben und ein Hinweis auf weitere Wunden sein.

Verliert der Hund Blut (ganz gleich, ob durch innere Verletzungen oder offene Wunden), so kann es binnen kürzester Zeit zu schwerwiegenden Komplikationen kommen (Schock *siehe S.61*, Organversagen, Bewusstlosigkeit *siehe S.69* und Tod).

Selbst wenn es sich nicht um eine Verletzung mit starkem Blutverlust handelt, sollten Sie dennoch eine Wundversorgung vornehmen, um eine mögliche Infektion zu vermeiden.

8.2 Grundsätzliches zur Wundversorgung

 **Achtung!**

Bitte beachten Sie, dass eine Wunde bzw. Wundversorgung schmerzhaft sein kann. Sie müssen damit rechnen, dass Sie Ihr Hund beißt. Binden Sie deshalb für die Dauer der Wundversorgung den Fang zu *(siehe „Fang zubinden S31)*

Die folgende Tabelle gibt Ihnen einen ersten Überblick, welche Maßnahme Sie bei offenen Wunden ergreifen sollten. Detailliertere Informationen erhalten Sie in den darauf folgenden Themenbereichen.

Schwere der Verletzung	Merkmale	Maßnahmen	Bemerkung
Keine oder leichte Blutung	• meist handelt es sich um kleine, oberflächliche Wunden (z.B. leichte Schnittwunden oder Abschürfungen) • falls eine Blutung vorhanden ist, kommt sie relativ schnell von selbst zum Stillstand • evtl. steckt ein kleiner Fremdkörper (z.B. Dorn, Splitter) in der Wunde	1. Wunde unter kaltem, fließendem Wasser reinigen (besser mit steriler physiologischer Kochsalzlösung) 2. Haare entfernen (z.B. mit Nagelschere), damit sie nicht mit der Wunde verkleben 3. ggf. Fremdkörper entfernen (Pinzette) 4. zur Unterstützung der Wundheilung können Sie nachdem die Wunde Schorf gebildet hat Wundheilsalbe auftragen	**Vorsicht bei Bisswunden** Lassen Sie sich nicht vom geringen Blutaustritt bei Bissverletzungen täuschen! Diese Verletzungen sind in der Regel tiefergehend (wie kleine Messerstiche) und infiziert. Darüber hinaus können sich Hauttaschen beim Zubeißen bilden. Ein idealer Nistplatz für Bakterien. Eine oberflächliche Desinfektion reicht nicht aus. Lassen Sie die Wunden von einem Tierarzt begutachten.
Mittelstarke Blutung	• es tritt deutlich sichtbar Blut aus • die Blutung würde erst nach geraumer Zeit ohne Ihr Dazutun stoppen (zu hoher Blutverlust!)	1. drücken Sie mit sterilem Material (z.B. Wundkompresse, Verbandtuch) auf die Wunde oder legen Sie einen Verband an 2. bringen Sie den Hund zum Tierarzt *(siehe „Notruf" S.47 / „Notfall-Transport" S.51)*	Reiben Sie weder die Wunde mit Desinfektionsmittel ab noch halten Sie sie unter fließendem Wasser (das würde die Blutung wieder verstärken!)
Starke Blutung	• der Hund blutet sehr stark • unter Umständen tritt das Blut pulsierend (im Herzrhythmus) aus • evtl. sind Körperteile abgetrennt worden • evtl. Verschlechterung des Allgemeinzustandes	1. drücken Sie mit sterilem Material fest auf die Wunde oder legen Sie einen Druckverband an *(siehe S.84)* 2. ggf. Maßnahmen zur Schockbekämpfung einleiten *(siehe S.61)* 3. bringen Sie den Hund sofort(!) zum Tierarzt *(siehe „Notruf" S.47 / „Notfall-Transport" S.51)*	**Der Hund schwebt in Lebensgefahr!**

>  **Achtung!**
>
> Entfernen Sie keine größeren Gegenstände, die in einer Wunde stecken (z.B. Messer, Scherben, Werkzeuge). Derartige Gegenstände wirken wie Korken und verhindern dadurch ein stärkeres Bluten der Wunde.
>
> Beim Herausziehen vergrößern Sie zwangsläufig die Wunde und rufen möglicherweise weitere Verletzungen hervor!
>
> Binden Sie niemals einen Körperteil ab!
> Dadurch wird er vom Blutkreislauf getrennt und stirbt ab!
>
> Beachten Sie bitte, dass beim Beißen Wunden durch Ober- und Unterkiefer entstehen („Zweiseitige" Wunde).

Druckverband

Einen Druckverband setzt man bei Blutungen ein, die auf Grund ihrer Stärke nicht mit einem „normalen" Verband versorgt werden können. Grundsätzlich können Sie einen Druckverband überall dort anlegen, wo auch ein gewöhnlicher Verband angelegt werden kann (z.B. Beine und Rute). Jedoch nicht an Brust, Hals oder Bauch (es können Atemprobleme entstehen).

Beispielhaft sehen Sie nachfolgend einen Druckverband am Bein. Die Vorgehensweise ist unabhängig von der verletzten Körperstelle gleich.

8 Verletzungen versorgen
Grundsätzliches zur Wundversorgung

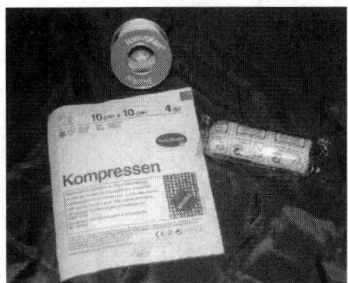

Für einen Druckverband benötigen Sie eine Wundauflage und eine Fixierbinde. Zusätzlich benötigen Sie ein Druckpolster. Das Heftpflaster benötigen Sie, um den Verband zu fixieren.

> **Tipp**
>
> Sie können als Druckpolster fast jedes Material verwenden, dass <u>flexibel</u> ist und <u>nicht saugt</u>.
>
> Zum Beispiel:
> - eingepackte Fixierbinde
> - Packung Papiertaschentücher
> - eingepacktes Dreiecktuch
> - Packung Tabak

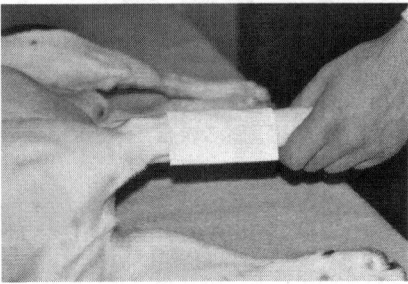

Decken Sie zunächst die Wunde mit einer Wundkompresse steril ab.

8 Verletzungen versorgen
Grundsätzliches zur Wundversorgung

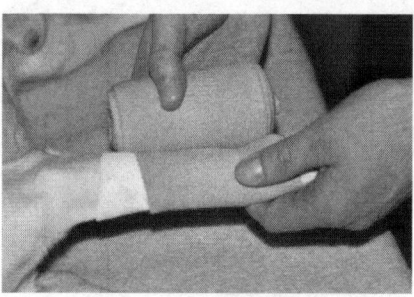

Umwickeln Sie die Wundauflage 1-2x mit einer Fixierbinde

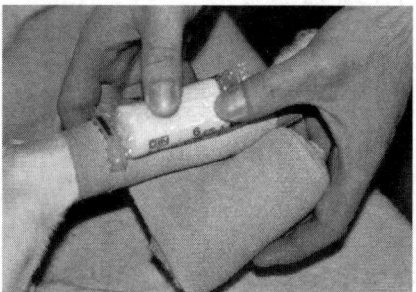

Nun legen Sie das Druckpolster (z.B. eine <u>eingepackte</u> Fixierbinde) auf die Wunde

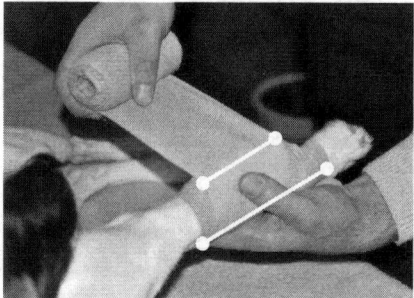

Wickeln Sie für eine optimale Druckverteilung den Verband oben eng und unten breit

8.3 Verletzungen im Kopfbereich

8.3.1 Nase

Merkmale

(Es müssen nicht immer alle Merkmale auftreten)

- Blut ist an der Nase zu sehen oder fließt heraus
- der Hund leckt sich häufig über die Nase
- Schnaufen / Niesen
- blasse Schleimhäute

Maßnahmen

- Fang Kühlen (z.B. Coldpack)
- stecken Gegenstände in der Nase oder stoppt die Blutung nicht nach kurzer Zeit, müssen Sie zum Tierarzt
  (siehe „Notruf" S.47 / „Notfall-Transport" S.51)
- Blut das aus beiden Nasenlöchern fließt, ist ebenfalls ein Grund, einen Tierarzt aufzusuchen
- bei Schockanzeichen entsprechende Maßnahmen ergreifen (siehe „Schock" S.61) / Tierarzt aufsuchen

Achtung!

Bitte tamponieren Sie die Nase nicht (z.B. Watte oder ein zusammengerolltes Papiertaschentuch in die Nasenlöcher stecken). Dadurch stoppen Sie die Blutung keinesfalls. Sie leiten aber den Blutfluss um. Dadurch könnte sich der Hund an seinem Blut verschlucken.

Ist die Blutung zum Stillstand gelangt, werden Sie die Wunde beim entfernen der Tamponade wieder aufreißen.

8 Verletzungen versorgen
Verletzungen im Kopfbereich

Informationen

Die Nase ist neben dem Gehör das wichtigste Orientierungsorgan für den Hund. Er stöbert mir ihr in Löchern, schnuppert an jeder Ecke und jedem Strauch. Dabei kann es schon mal passieren, dass die Nase verletzt wird. Auch ein Katzenhieb oder eine Beißerei mit einem Artgenossen kann zur Verletzung führen.

In der Regel stoppt eine Blutung im Nasenbereich recht schnell. Stecken jedoch Gegenstände in der Nase fest, sollten diese nur vom Tierarzt entfernt werden. Dieser hat die geeigneten Instrumente. Bei unsachgerechten Entfernungsversuchen, kann der Gegenstand weiter in die Nase getrieben werden. Außerdem können zusätzliche Verletzungen verursacht werden.

Eventuell können Sie nicht erkennen, wie stark die Blutung ist, da Blut in den Rachenraum fließt und abgeschluckt wird. Stoppt die Blutung nicht nach einiger Zeit oder stellen sich gar Schockanzeichen *(siehe „Schock" S.61)* ein, müssen Sie einen Tierarzt aufsuchen.

8.3.2 Augen

Merkmale

(Es müssen nicht immer alle Merkmale auftreten)

- Zukneifen des Auges
- Wischen mit der Pfote am Auge
- Schwellung
- unter Umständen ist ein Gegenstand (z.B. Splitter, Pflanzensamen) oder eine Blutung zu erkennen
- Auge tritt aus der Höhle heraus (Augapfelvorfall)
- Auge ist abgeflacht
- vermehrter Tränenfluss

Maßnahmen

Augenlid

- Auge ausspülen mit klarem Wasser, besser mit physiologischer Kochsalzlösung (NaCl)
- abdecken mit feuchter Wundkompresse
  (mit Wasser oder besser mit NaCl tränken)
- Coldpack auflegen
- sofort zum Tierarzt
  (siehe „Notruf" S.47 / „Notfall-Transport" S.51)

So können Sie ein Auge ausspülen, ohne dass das andere Auge mit dem verunreinigten Wasser in Berührung kommt.

Achten Sie darauf, dass Sie die Spritze nicht zu schnell zusammendrücken. Der starke Wasserstrahl kann das Auge verletzen.

Bitte berühren Sie das Auge nicht mit der Spritze.

Hornhaut[5]

- Auge ausspülen
- Fremdkörper (auch kleine!) stecken lassen
- Abdecken mit feuchter Wundkompresse
- bei vorhandener Schwellung Coldpack anwenden
- sofort zum Tierarzt (Erblindungsgefahr)

(siehe „Notruf" S.47 / „Notfall-Transport" S.51)

Augapfelvorfall

- bedecken Sie das Auge mit einer feuchten Wundkompresse (anfeuchten mit klarem Wasser, besser mit NaCl)
- bei Schwellungen Coldpack anwenden
- versuchen Sie nicht das Auge in die Höhle zurückzuführen
- sofort zum Tierarzt (Erblindungsgefahr)

(siehe „Notruf" S.47 / „Notfall-Transport" S.51)

Achtung!

Spülen Sie niemals ein Auge mit Tee (z.B. Kamillentee oder schwarzen Tee) aus. Kleine (unsichtbare) Partikel im Aufguss schädigen das Auge, da sie mit jedem Lidschlag über die Augenoberfläche gerieben werden. Selbst wenn Sie den Tee durch einen (Kaffee-) Filter gießen, wird der Aufguss schädliche Partikel enthalten.

---

[5] Die Hornhaut ist die äußere, durchsichtige Haut auf dem Augapfel

Augenverband

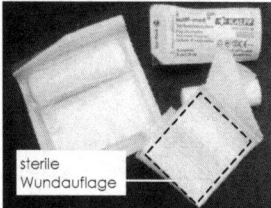
sterile Wundauflage

Am einfachsten ist ein Augenverband mit einem Verbandpäckchen anzulegen. Mit etwas Heftpflaster lässt sich der Verband leicht fixieren.

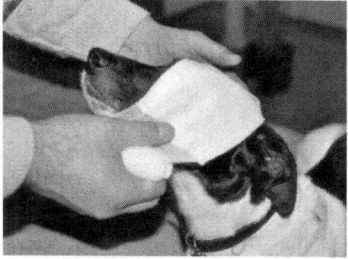
Legen Sie die Wundkompresse auf das verletzte Auge.

Achtung!

Wickeln Sie den Verband nicht zu fest um den Kopf, damit Ihr Hund beschwerdefrei Atmen kann.

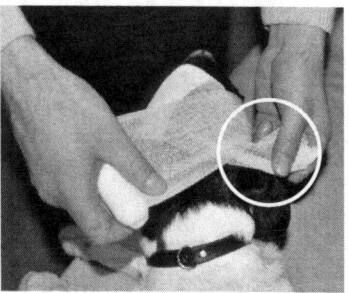
Ein Verbandende liegt am gegenüberliegenden Ohr an.

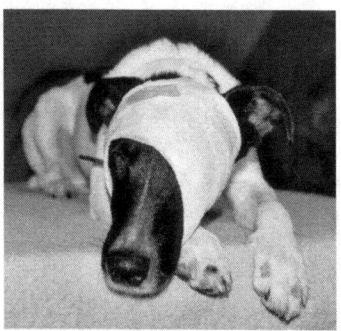
Führen Sie die Binde kreuzweise um den Kopf des Hundes.

Information

Das Auge kann z.B. durch Katzenhiebe, Äste, Stacheldraht und bei Beißereien verletzt werden. Da das Augenlid stark durchblutet ist, kommt es bei Gewalteinwirkungen schnell zu Schwellungen. Diese verhindern ein Schließen des Lids. Das Auge droht auszutrocknen. Durch das Auflegen einer feuchten Wundkompresse verhindern Sie das Austrocknen des Auges, bis Sie beim Tierarzt eingetroffen sind. Ersatzweise können Sie auch physiologische Kochsalzlösung auf das Auge träufeln.

Die Augen bewegen sich immer parallel zueinander. Schaut zum Beispiel das rechte Auge nach links, folgt ihm das linke. Das geschieht auch, wenn eines der Augen verbunden ist. Die Bewegung des Auges unter dem Verband kann ein Scheuern an der Wundauflage verursachen. Damit die Augen kein Ziel mehr haben, das sie fixieren können und sie sich somit nicht mehr bewegen, sollten eigentlich beide Augen verbunden werden. Dieses lässt sich ein Hund in der Regel jedoch nicht gefallen. Er wird nervös, ängstlich, versucht den Verband zu entfernen und ist orientierungslos (vermeidbarer Stress). Aus diesem Grund sieht man bei Hunden von einem Verbinden des gesunden Auges ab.

Legen Sie ein Coldpack auf den Verband, um das Anschwellen zu vermindern.

Bei Gewalteinwirkungen auf das Auge kann neben dem Lid auch die Hornhaut in Mitleidenschaft gezogen werden. Auch Gegenstände, die unter das Lid geraten sind (z.B. Pflanzensamen, Sand) können die Hornhaut verletzen.

Versuchen Sie bitte nicht den Gegenstand mit einer Pinzette oder ähnlichem zu erfassen (Verletzungsgefahr!). Durch ausspülen des Auges können Sie eventuell den Gegenstand entfernen. Dennoch sollten Sie einen Tierarzt aufsuchen, da die eigentliche Hornhautverletzung noch besteht. Wird diese nicht behandelt, besteht die Gefahr von Entzündungen und Geschwüren, in Folge derer der Hund erblinden kann.

Für Augapfelvorfälle sind besonders kleine Rassen empfänglich (z.B. Pekinesen). Durch den kleinen Schädel bieten die Augenhöhlen nicht genügend Halt für die Augen. Bei Gewalteinwirkung können die Augäpfel aus der Höhle gedrückt werden. Auch die Folgen einer Verletzung in den Augenhöhlen (z.B. Unfall mit Kopfverletzung) kann zum Augapfelvorfall führen. Bedingt durch eine Blutansammlung steigt der Druck auf die Augäpfel von innen und presst diese nach außen.

Damit es nicht zu einer Verschlechterung des Zustandes kommt, sollten Sie Ihren Hund daran hindern, sich am Auge zukratzten. Das erreichen Sie wirkungsvoll durch einen (feuchten) Verband.

8.3.3 Ohren

Merkmale

(Es müssen nicht immer alle Merkmale auftreten)

- Kopfschütteln
- Kratzen am Ohr
- Schwellung
- Blutung
- (andauerndes) Schräghalten des Kopfes
- ungewöhnliche Haltung der Ohrmuschel

Maßnahmen
- Verband anlegen
- Schwellungen kühlen (z.B. Coldpack)
- Fremdkörper im Inneren nur vom Tierarzt entfernen lassen
- bei Blutungen im Ohr müssen Sie einen Tierarzt aufsuchen

Tipp

Bei Blutergüssen hilft Kühlen und Arnika-Tinktur (bitte nicht auf offenen Wunden auftragen).

Ohrenverbände

Ohrendruckverband

Der folgende Ohrenverband eignet sich gut für eine schnelle Blutstillung, wenn keine Ruhigstellung des Ohres erforderlich ist.

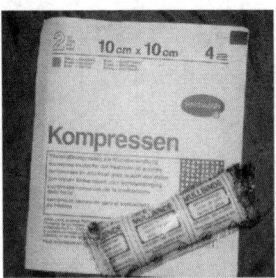

Für die Wundversorgung benötigen Sie eine Wundkompresse und eine Fixierbinde.

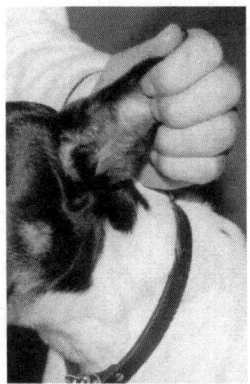

Halten Sie das Ohr am äußeren Ende fest...

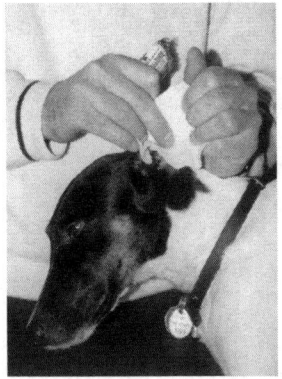

...und legen Sie eine Kompresse auf die Wunde.

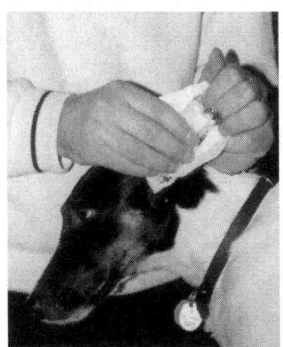

Legen Sie die <u>eingepackte</u> Fixierbinde auf die Wundkompresse.

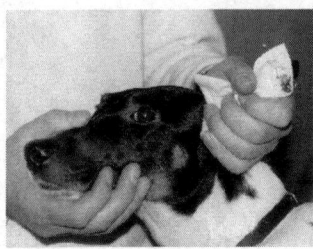

Üben Sie jetzt Druck auf die Wunde aus.

Hinweis

Diese Technik ist auch bei Verletzungen auf der Außenseite des Ohres einsetzbar.

Die Fixierbinde wird jedoch immer auf der Innenseite des Ohres angesetzt.

Tipp

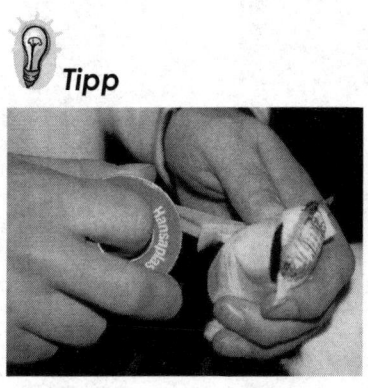

Sie können aus der angelegten Wundkompresse und Fixierbinde einen Ohrenverband machen, indem Sie Ohr und Verbandsmaterial großzügig mit Heftpflaster umwickeln.

Ohrenverband mit Ruhigstellung der Ohrmuschel

Ist eine Ruhigstellung der Ohrmuschel erforderlich, so wenden Sie den folgenden Verband an:

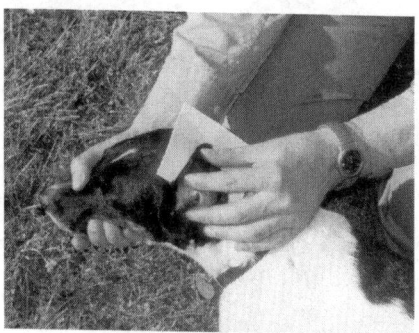

Legen Sie eine Wundkompresse auf die Wunde und klappen Sie das Ohr auf den Kopf.

 **Hinweis**

Die Darstellungen zeigen die Versorgung einer Wunde auf der Außenseite einer Ohrmuschel. Die Technik ist auch bei Verletzungen auf der Innenseite verwendbar.

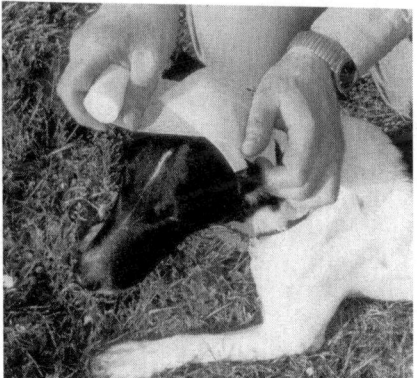

Fixieren Sie nun das Ohr mit einer Fixierbinde. Beginnen Sie am verwundeten Ohr.

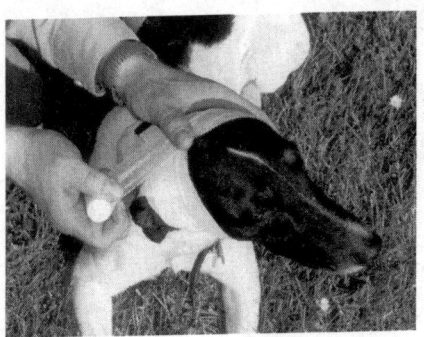

Führen Sie die Binde in Achterbahnen um den Kopf. Dabei bleibt das unverletzte Ohr frei.

Achtung!

Wickeln Sie den Verband nicht zu fest um den Kopf, damit Ihr Hund beschwerdefrei Atmen kann.

Information

Bei Kämpfen schnappen Hunde gerne nach den Ohren. Sie können allerdings auch auf andere Weise verletzt werden (z.B. Stacheldraht, stumpfe Schläge, Stöcke). Beim Kratzen kann es passieren, dass der Hund ein Blutgefäß im Inneren der Ohrmuschel zerstört. Es entsteht ein Bluterguss, der das Ohr je nach Stärke der Blutung anschwellen lässt (Blutohr). Wird das Ohr nicht behandelt, so kommt es zu Entstellungen an der Ohrmuschel.

In der Regel ist das Innenohr von derartigen Verletzungen nicht betroffen. Allerdings kann durch eine schlechte Behandlung eine Infektion entstehen, die sich auch auf das Innenohr ausbreiten kann. Der Hund droht taub zu werden.

Hinweis

Anzeichen für eine Ohrenentzündung („Ohrenzwang"):
- Hund legt den Kopf schief
- häufiges Kopfschütteln
  (evtl. wird es wegen Schmerzen unterbrochen)
- Ohrmuschel fühlt sich heiß an
- Hund kratzt sich häufig am Ohr
- starker Geruch aus dem Ohr

Blutungen an der Ohrmuschel stoppen in der Regel schnell. Sie können mit einem Druckverband diesen Vorgang unterstützen. Ist es erforderlich eine länger anhaltende Blutung zu stillen, so können Sie die aufgelegte Wundkompresse und die Fixierbinde mit Heftpflaster am Ohr befestigen.

Manche Hunde akzeptieren diese Maßnahme nicht. Sie versuchen den Verband mit den Pfoten zu entfernen oder Schütteln ihren Kopf. Beides behindert den Blutstillungsprozess und sollte deshalb unterbunden werden. Das Ohr können Sie wirkungsvoll mit der zweiten vorgestellten Variante eines Verbandes ruhigstellen. Dadurch, dass das Ohr auf den Kopf geklappt und mit einer Fixierbinde umwickelt wird, ist es vor Kopfschütteln und Kratzen mit der Pfote geschützt.

Die zweite Verbandvariante sollten Sie auch dann anwenden, wenn das Ohr stark lädiert ist.

8.3.4 Fang

Merkmale

(Es müssen nicht immer alle Merkmale auftreten)

- Blut fließt aus dem Fang
- Speichel ist rot gefärbt
- Zähne sind abgebrochen
- Zunge hängt heraus und kann vom Hund nicht mehr eingezogen werden
- Fang wird offengehalten
- Futterverweigerung

Maßnahmen

- vorhandene Fremdkörper entfernen, wenn es leicht möglich ist *(siehe „Fremdkörper im Fang" S.128)*
- bei Schwellungen klares, kaltes Wasser zu trinken geben (nur wenn der Hund bei Bewusstsein ist und trinken will)
- Schwellungen auch von außen kühlen (z.B. Coldpack)
- Tierarzt aufsuchen *(siehe „Notruf" S.47 / „Notfall-Transport" S.51)*

Information

Verletzungen im Fang können z.B. durch spielen mit Stöcken hervorgerufen werden. Auch Knochen können im Fang Verletzungen hervorrufen oder sich festklemmen.

Falls Sie einen Fremdkörper im Fang entdecken, versuchen Sie ihn vorsichtig zu entfernen. Gelingt Ihnen das nicht mit ein bis zwei Versuchen, so sollte ein Tierarzt die Entfernung vornehmen, damit dem Hund nicht unnötig weitere Verletzungen oder Schmerzen zugefügt werden.

Insbesondere sind die Zähne in Gefahr, wenn Ihr Hund mit Steinen spielt und darauf kaut. Die Zähne können abbrechen und bei freiliegenden Nerven starke Schmerzen verursachen. Dieses kann die Ursache für eine Futterverweigerung sein.

Vernachlässigte Wunden im Fang oder nicht behandelte Zahnfrakturen, können zu Entzündungen und Geschwüren führen.

Achtung!

Blut im Fang kann auch von anderen Verletzungen herrühren.

Falls Sie nicht erkennen können, weshalb der Hund aus dem Fang blutet, sollten Sie einen Tierarzt aufsuchen.

8.3.5 Innere Kopfverletzungen

Merkmale
(Es müssen nicht immer alle Merkmale auftreten)

- Taumeln / Benommenheit
- Bewusstlosigkeit
- verzögerter / nicht vorhandener Pupillenreflex
- sichtbare Verletzungen im Schädelbereich
- Lähmungen
- Krampfanfälle
  (siehe auch „Krampfanfälle" S.153)

Maßnahmen
- Hund beruhigen
  (er darf nicht aufstehen)
- für ruhige (stressfreie) Umgebung sorgen
- bei Schock oder Bewusstlosigkeit Hund flach lagern und entsprechende Maßnahmen ergreifen
  (siehe „Schock" S.61 bzw. „Bewusstlosigkeit, Atem- / Herz-Stillstand" S.69)
- bei Krampfanfällen den Hund nicht festhalten
  (siehe auch „Krampfanfälle" S.153)
- Schwellungen kühlen (z.B. Coldpack)
- transportieren Sie den Hund vorsichtig auf einer festen Unterlage (z.B. Brett) *(siehe auch „Notfall-Transport" S.51)*

Information

Gewalteinwirkungen auf den Kopf (z.B. Sturz, (Huf-)Tritt, Autounfall) kann direkt zu Hirnverletzungen führen.

Die Symptome treten allerdings nicht immer sofort ein. Es können durchaus ein oder zwei Tage bis dahin vergehen. Deshalb ist es ratsam Ihren Hund nach einer Gewalteinwirkung auf den Kopf vorsorglich untersuchen zu lassen und ihn gut zu beobachten.

Hinweis

So kontrollieren Sie den Pupillenreflex:
1. Augen des Hundes schließen oder mit der Hand verdecken
2. Augen öffnen / Hand entfernen

Sie können auch nach dem Öffnen mit einer Taschenlampe in die Augen leuchten.

Jetzt müssen sich die Pupillen gleichzeitig in beiden Augen verkleinern.

Mögliche Fehldiagnose:
Medikamente oder Augenkrankheiten können den Pupillenreflex beeinträchtigen!

Durch Blutungen im Kopf kann das Gehirn in Mitleidenschaft gezogen werden. Das Blut beansprucht Platz im Kopfinneren. Durch den festen Schädel kann das Gehirn jedoch nicht ausweichen. Dadurch wird Druck auf das Gehirn ausgeübt, was zu den zuvor beschriebenen Merkmalen führen kann. Einen ähnlichen Effekt kann eine Gehirnerschütterung bewirken. Das Gehirn schwillt an und wird wegen der räumlichen Enge zusammengedrückt.

Um das Gehirn nicht einer vermeidbaren Belastung auszusetzen, lagert man einen Hund mit Kopfverletzung flach. Würde der Hund hinten erhöht gelagert (Schocklage), käme es zu einer stärkeren Durchblutung des Gehirns. Damit geht auch ein in diesem Fall schädlicher Druckanstieg einher.

8.4 Verletzungen im Rumpfbereich

8.4.1 Brustverletzungen

Merkmale

(Es müssen nicht immer alle Merkmale auftreten)

Diese Merkmale können immer bei Verletzungen im Brustbereich auftreten:
- Atemnot
- Schock (siehe „Schock" S.61)
- Schwäche / Benommenheit
- Bewusstlosigkeit
(siehe „Bewusstlosigkeit, Atem- / Herz-Stillstand" S.69)

Diese Merkmale können je nach Verletzungsart zusätzlich zu den zuvor beschriebenen auftreten:

Herzverletzungen
- schwacher Puls
(siehe „Pulskontrolle" S.17)
- blasse Schleimhäute

Lungenverletzung
- rosa Schaum im Fang
- blaue Schleimhäute (bei Erstickungsanfall)
- Pressbewegung der Bauchmuskulatur beim Ausatmen

Zwerchfellriss
- aufgeschürzt (dicker Brustkorb / dünner Bauch)
- kaum hörbare Herztöne
- „Blubber-Geräusche" im Brustkorb
- Pumpbewegung mit dem Bauch

Offene Wunden
- Blutaustritt
- gebrochene Rippen treten aus der Haut hervor
- Gegenstand (z.B. Messer, Scherbe) steckt im Körper
- rasselnde Atemgeräusche

Maßnahmen

- Hund in eingenommener Haltung lassen
  (nicht zwangsweise auf die Seite legen)
  (siehe „Lagerung bei Notfällen" S.187)
- Schockbekämpfung (flach lagern!) *(siehe „Schock" S.61)*
- Frischluft zuführen (Fenster öffnen / Luft zufächeln)
- Häufig Atmung und Puls kontrollieren
  (siehe „So kontrollieren Sie die Normalwerte Ihres Hundes" S.16)
- Sofort zum Tierarzt (vorsichtiger Transport!)
  (siehe „Notruf" S.47 / „Notfall-Transport" S.51)

Diese Maßnahmen können Sie zusätzlich bei folgenden Verletzungen anwenden:

Zwerchfellriss

- beim Hochheben nicht unter den Bauch fassen
- bei Bewusstlosigkeit vorne leicht hochlagern

Offene Wunden

- siehe auch „Grundsätzliches zur Wundversorgung" S.82
- schnell Verband anlegen oder auf die Wunde drücken
- bei Bewusstlosigkeit Hund auf die verletzte Seite legen (vorher Wunden versorgen!)

Achtung!

Wenn Sie eine Wunde im Brustbereich versorgen (Verband oder auf die Wunde drücken) achten Sie darauf, dass Sie dem Hund nicht die Atmung durch einen zu festen Verband oder zu starkem Druck erschweren.

Legen Sie den Hund nicht auf die verletzte Seite, wenn ein Gegenstand in der Wunde steckt. Sie würden diesen weiter in den Brustkorb treiben!

Rumpfverband

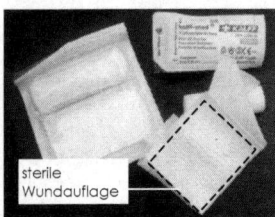

sterile Wundauflage

Für Verbände am Rumpf eignet sich ein Verbandpäckchen sehr gut, da die Wundauflage mit der Fixierbinde verbunden ist und somit beim Anlegen des Verbandes nicht verrutschen kann.

Bei Wunden, die nicht durch die Wundauflage abgedeckt werden können, müssen Sie auf großflächigere, sterile Materialien ausweichen (z.B. Verbandtuch).

Legen Sie die Wundkompresse auf die Wunde und fixieren Sie diese mit der Binde. Führen Sie die Binde auch zwischen den Forderbeinen hindurch. Dadurch kann der Verband nicht verrutschen.

 Tipp

Mit einem T-Shirt können Sie den Hund am Ablecken von Wunden im Brust- und Bauchbereich hindern.

Ist das T-Shirt zu groß, können Sie es durch einen Knoten auf dem Rücken anpassen.

Information

Im Brustkorb sind lebenswichtige Organe (Herz und Lunge) untergebracht. Daher verwundert es nicht, dass Verletzungen im Brustbereich leicht lebensbedrohliche Formen annehmen können.

Die Rippen des Hundes bilden ein „Schutzgitter" vor äußerer Gewalteinwirkung. Durch die Elastizität des Brustkorbs kann er sich beim Atmen ausdehnen und gegebenenfalls leichte Stöße abpuffern.

Diese Konstruktion hat allerdings ihre Grenzen. Ist die Gewalteinwirkung auf den Brustkorb zu stark, wie beispielsweise bei einem Verkehrsunfall, so können die Rippen brechen. Das kann einerseits bei mehreren gebrochenen Rippen zu einer Instabilität des Brustkorbes führen, wodurch die Atmung erheblich erschwert wird. Andererseits können die Rippen Lunge und Herz verletzen, was wiederum lebensbedrohliche Folgen haben kann.

Werden Rippen bei einem Bruch nach außen geführt (offener Bruch), kann der im Brustkorb bestehende Unterdruck entweichen. Einen ähnlichen Effekt erzielen Fremdkörper, die in die Brust eindringen. Hier besteht obendrein die Gefahr, dass Herz und Lunge verletzt werden.

Der Unterdruck ist notwendig, um ein einwandfreies Funktionieren der Lunge zu gewährleisten. Entweicht er, fällt die Lunge in sich zusammen und kann nicht mehr ihre Aufgabe wahrnehmen. Man spricht in diesem Fall auch von einem Pneumotorax, der sich in rasselnden Atemgeräuschen bemerkbar machen kann.

Entdecken Sie eine Verletzung am Brustkorb, so legen Sie den Hund auf die verletzte Seite, nachdem Sie die Wunde versorgt haben. Auf diese Weise wird der Brustkorb nur auf einer Seite beim Atmen behindert. Liegt der Hund auf der gesunden Seite, wird diese durch den Boden behindert und zusätzlich wird die obere Seite durch die Verletzung beeinträchtigt. Die Folge kann eine mangelnde Sauerstoffversorgung sein.

Sie dürfen den Hund jedoch nicht auf die verletzte Seite legen, wenn Fremdkörper in der Wunde (z.B. Messer, Ast) stecken.

Das Zwerchfell trennt den Brust- vom Bauchraum. Es besteht aus Muskeln, Sehnen und Haut, die wie ein Tuch als Trennwand gespannt sind. Durch diese Konstruktion wird der Unterdruck im Brustraum gehalten und kann nicht in den Bauchraum entweichen. Außerdem wirkt das Zwerchfell unterstützend bei der Atmung mit.

Ein Zwerchfellriss kann durch einen angeborenen Fehler entstehen oder durch Gewalteinwirkung (z.B. Tritte, Verkehrsunfall). Je nach Schwere der Verletzung entweicht der Unterdruck aus dem Brustraum oder es gelangen zusätzlich Organe aus dem Bauch in das Brustinnere („Blubber-Geräusche" im Brustraum). Die eingedrungenen Organe behindern die Atmung. Diese ist ohnehin durch den entweichenden Unterdruck erschwert.

Die eingedrungenen Organe können durch das Zwerchfell abgeklemmt werden und dadurch absterben.

Ein derartig verletztes Tier dürfen Sie nicht hochheben, indem Sie unter den Bauch fassen. Das kann die vorhandenen Verletzungen verschlimmern und bereitet zusätzliche (vermeidbare) Schmerzen.

Durch das vorne Hochlagern verhindern Sie, dass Organe aus dem Bauch- in den Brustraum dringen.

Grundsätzlich dürfen Sie den Hund bei Brustverletzungen hinten nicht erhöht lagern (Schocklage). Durch das Gefälle strömt vermehrt Blut in die vordere Körperhälfte. Dabei kommt es zu einem Druckanstieg, der zu einer vermehrten Blutung führt. In der Folge verliert der Hund mehr Blut als bei einer flachen Lagerung.

8.4.2 Weichteilverletzungen im Bauch- und Beckenbereich

Merkmale

(Es müssen nicht immer alle Merkmale auftreten)

- Schock *(siehe „Schock" S.61)*
- Fieber
- starke Schmerzen im Bauchbereich
  (berührungsempfindlich, nach oben gekrümmter Rücken, Hund legt sich ungern hin)

Diese Merkmale können je nach Verletzungsart zusätzlich zu den zuvor beschriebenen auftreten:

Innere Verletzungen
- fehlender Urinabsatz
- Anschwellen des Bauches
- Blut im Kot / Urin
- Beule unter der Haut

offene Bauch- / Beckenhöhle
- Bauchöffnung zu sehen
- hervortretende Organe

Maßnahmen

- Schockbekämpfung *(siehe „Schock" S.61)*
- bei Bewusstlosigkeit entsprechende Maßnahmen ergreifen *(siehe „Bewusstlosigkeit, Atem- / Herz-Stillstand" S.69)*
- sehr vorsichtig transportieren *(siehe „Notfall-Transport" S.51)*
- sofort zum Tierarzt *(siehe „Notruf" S.47)*

Diese Maßnahmen können Sie zusätzlich bei
offener Bauch- bzw. Beckenhöhle ergreifen:
- hervortretende Organe mit Kochsalzlösung spülen
- Organe in den Körper sanft zurückführen
- Bauchhöhle mit Kochsalzlösung füllen
(Organe dürfen schwimmen)
- beim Transport Wunde bzw. Organe mit sterilem Material stützen

Achtung!

Verwenden Sie kein Desinfektionsmittel statt physiologischer Kochsalzlösung!

Die verwendete Kochsalzlösung muss steril sein. Verwenden Sie bitte keine angebrochenen Verpackungen. Stellen Sie die Lösung nicht selbst her.

Hervortretende Organe sollten Sie nur mit sterilem Material (z.B. Verbandtuch) berühren.

8 Verletzungen versorgen
Verletzungen im Rumpfbereich

Information

Verletzungen im Bauch- und Beckenbereich können vielfältige Ursachen haben. Häufig kommen sie in Verbindung mit Verkehrsunfällen, Stürzen oder starken (Huf-) Tritten vor.

In der Bauch- und Beckenhöhle befinden sich Magen, Darm, Nieren, Milz, Leber und die Fortpflanzungsorgane. Einige dieser Organe (Milz, Leber, Nieren) sind besonders stark durchblutet. Werden sie verletzt, so kann in kurzer Zeit viel Blut dem Kreislauf entzogen werden - es kommt zum Schock oder zur Bewusstlosigkeit.

Bleibt die Bauch- und Beckenhöhle geschlossen, so kann sich das austretende Blut im Bauchraum sammeln, was zum Anschwellen des Bauches führt. Des Weiteren können Organe „durchsacken". Dabei verlagert sich z.B. der Darm in die von innen gerissene Bauchmuskulatur. Das macht sich in Beulen unter der Haut bemerkbar.

Handelt es sich um eine „leichte" innere Verletzung, so kann sich diese zum Teil erst nach Tagen bemerkbar machen. Unter Umständen hat der Hund Probleme beim Lösen, es befindet sich Blut im Kot bzw. Urin oder er verweigert die Nahrungsaufnahme. Auch ein Ansteigen der Körpertemperatur kann ein Hinweis auf eine unfallbedingte Infektion sein (z.B. Bauchfellentzündung).

Wurde die Bauch- oder Beckenhöhle durch den Unfall geöffnet, so können neben dem Blut auch Organe austreten. Dieses bedeutet eine weitere Verletzungsmöglichkeit und erhöht das Infektionsrisiko. Aus diesen Gründen sollten Sie die Organe nur sehr vorsichtig mit einem sterilen Material berühren. Setzen Sie viel physiologische Kochsalzlösung ein. Sie können die gesamte Bauchhöhle damit füllen. Dadurch werden die

Organe mit einer sterilen Flüssigkeit umgeben. Das verringert das Infektionsrisiko und verhindert ein Austrocknen.

Wie zuvor geschildert, können bei Verletzungen im Bauch- oder Beckenbereich Organe durchsacken oder hervortreten. Das kann auch zur Folge haben, dass sie eingeklemmt werden (z.B. durch Muskulatur). Dadurch kann Gewebe von der Blutzufuhr abgetrennt werden und absterben.

Auch wenn der Hund zunächst den Anschein erweckt, dass er den Unfall gut überstanden hat, sollten Sie ihn dennoch von einem Tierarzt untersuchen lassen, damit sich nicht eine kleinere Verletzung zu einem ernsten Problem entwickeln kann.

8.4.3 Beckenbruch

Merkmale
(Es müssen nicht immer alle Merkmale auftreten)

- entlastende Haltung / Nachziehen eines Beines oder hinteren Körpers
- Schock
- Schwellung
- berührungsempfindlich

Maßnahmen
- Hund am Aufstehen hindern
- Schockmaßnahmen *(siehe „Schock" S.61)*
- vorsichtig auf fester Unterlage transportieren
  (siehe „Notfall-Transport" S.51)

Information
Starker Gewalteinwirkung (z.B. Autounfall) kann der Beckenknochen nicht widerstehen - er bricht. Dadurch ist eine einwandfreie Funktion des Gelenkes nicht möglich. Außerdem wird meistens auch der Band- und Muskelapparat in Mitleidenschaft gezogen. Das führt zu Blutungen im Gewebe (Schwellung) und zu starken Schmerzen.

Jede Bewegung schmerzt. Je nach Schwere der Verletzung ist der Hund nicht mehr in der Lage die betroffenen Gliedmaßen zu kontrollieren. Das führt zu einer Entlastungshaltung des betroffenen Körperteils.

Sie sollten umgehend einen Tierarzt aufsuchen, damit Ihr Hund nicht unnötige Schmerzen erleiden muss oder dauerhafte Schäden davonträgt.

Da auch eine Wirbelsäulenverletzung vorliegen kann, sollten Sie Ihren Hund von unnötigen Bewegungen abhalten und außerdem auf einer stabilen Unterlage (z.B. Brett) zum Tierarzt transportieren.

8.5 Verletzungen der Beine und Pfoten

8.5.1 Wunden im Pfotenbereich

Merkmale

(Es müssen nicht immer alle Merkmale auftreten)

- Schonhaltung (Pfote wird nicht aufgesetzt / Humpeln)
- Schwellung
- berührungsempfindlich in der betroffenen Region
- Blut tritt aus
- Krallen sind abgebrochen oder ausgerissen

Maßnahmen
- verunreinigte Wunden ausspülen
  (kaltes Wasser, besser ist jedoch sterile physiologische Kochsalzlösung)
- kleine Fremdkörper entfernen (z.B. Splitter, Dornen)
- Pfote verbinden
- tiefe Wunden und Krallenabrisse müssen vom Tierarzt versorgt werden (bitte warten Sie nicht zu lange, da frische Wunden besser zu versorgen sind)

Pfotenverbände

Standard-Verband

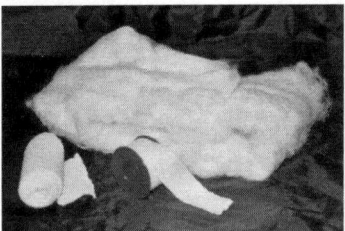

Für einen Pfotenverband benötigen Sie eine Fixierbinde, etwas Heftpflaster und handelsübliche Watte.

Tipp

Der Verband sitzt besser, wenn Sie eine cohäsive (auf sich selbst haftende) Binde verwenden.

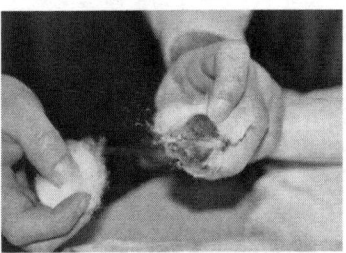

Polstern Sie die Zehenzwischenräume. So verhindern Sie beim Gehen ein Wundscheuern.

Hinweis

Die eigentliche Wunde müssen Sie steril abdecken (z.B. mit einer Wundkompresse). Verwenden Sie keine Watte. Diese würde mit der Wunde verkleben.

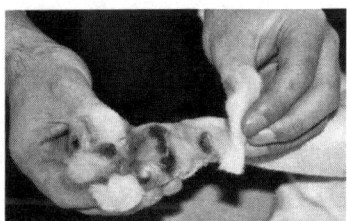

Polstern Sie auch den Ballenzwischenraum.

8 Verletzungen versorgen
Verletzungen der Beine und Pfoten

Achtung!

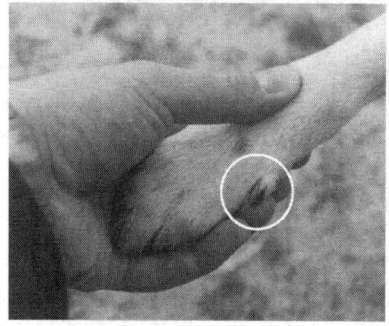

Denken Sie auch daran, die Daumenkralle (Bild) und falls vorhanden, die Wolfskralle (hinten) zu polstern.

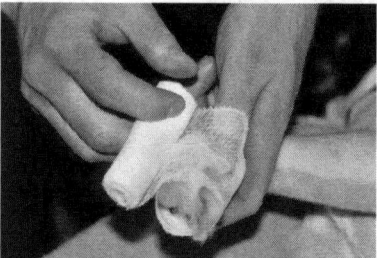

Nun können Sie mit der Binde die Pfote (nicht zu stramm) umwickeln.

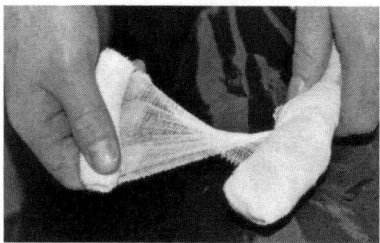

Drehen Sie die Binde auf der Pfotenoberseite gelegentlich. Dadurch wird der Verband rutschfest.

8 Verletzungen versorgen
Verletzungen der Beine und Pfoten

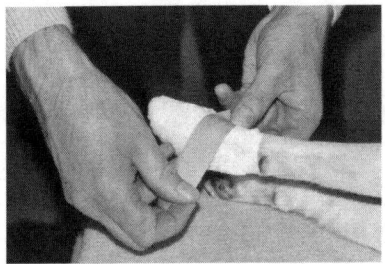

Mit dem Heftpflaster fixieren Sie zum Schluss den Verband.

> ## 💡 Tipp
>
>
>
> Draußen schützt ein Pfotenschuh den Verband.

Dreiecktuchverband

> ### ℹ️ Hinweis
>
> Der Dreiecktuchverband ist eine schnelle und einfache Lösung.
>
> Diesen Verband sollten Sie allerdings nur für eine kurzzeitige Wundversorgung einsetzten, mit der der Hund nicht, oder nur wenige Schritte laufen darf (Wundscheuern der Pfote droht).

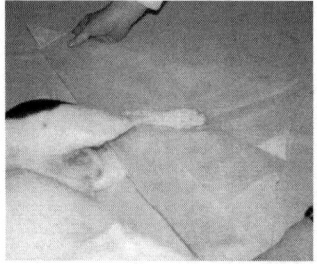

Legen Sie die verletzte Pfote auf das Tuch. Die breite Seite zeigt zum Hundekörper.

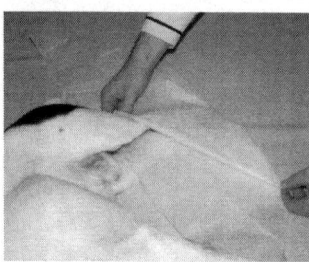

Klappen Sie die Dreieckspitze über die Pfote.

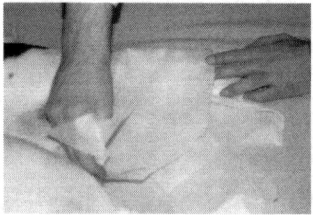

Schlagen Sie nun eine Seite des Tuches über die Pfote.

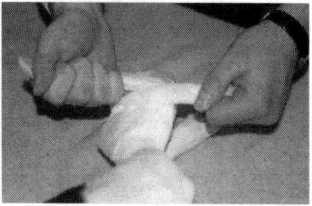

Schlagen Sie jetzt die andere, übriggebliebene Seite über die Pfote.

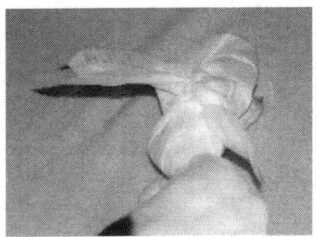

Verknoten Sie die beiden Tuchenden. Bitte achten sie darauf, dass Sie den Knoten nicht zu fest ziehen, um ein Abbinden der Pfote zu verhindern.

Tipp

Für diesen Verband können Sie auch andere Tücher (z.B. Hals- oder Handtuch) verwenden.

Information

Scherben, Dornen und andere scharfkantige Gegenstände bilden eine Gefahr für Hundepfoten. Am häufigsten kommen Schnittverletzungen im Ballenbereich vor.

Auch die Krallen können in Mitleidenschaft gezogen werden. Zum Beispiel beim engagierten buddeln oder durch Hängen bleiben beim Laufen (z.B. im Teppich).

Gleichgültig, was die Ursache für eine Pfotenverletzung war, wenn ein Verband notwendig ist, müssen die Zehenzwischenräume und die Daumen- bzw. Wolfskralle gut abgepolstert werden. Durch den Verband haben die Zehen und die Krallen nicht mehr die übliche Bewegungsfreiheit. Sie werden aneinander gerieben, wodurch wunde Stellen entstehen, die schlecht abheilen. Um dem Hund diese unnötige Qual zu ersparen, werden die Zwischenräume großzügig gepolstert.

Bringen Sie Ihren Hund umgehend zum Tierarzt und muss das Tier bis dahin nur wenige Schritte laufen, können Sie auf die Polsterung verzichten, schließlich entfernt der Tierarzt den Verband wieder.

Bitte wechseln Sie den Verband, wenn er feucht geworden ist. Unabhängig davon muss der Verband täglich erneuert werden. Ansonsten nisten sich Bakterien ein, die eine Wundheilung verzögern oder weitere Komplikationen hervorrufen.

Wickeln Sie den Verband nicht zu fest um die Pfote. Dadurch würde sich das Blut stauen. Die Pfote schwillt unter Umständen an und stirbt ab.

Bemerken Sie, dass die Pfote anschwillt, müssen Sie umgehend den Verband lösen und einen neuen, lockerer gewickelten anlegen. Ein weiteres Zeichen für eine zu feste Wicklung ist das „Benagen" und Belecken der Pfote, obwohl der Hund den Verband zuvor akzeptiert hat.

8.5.2 Brüche, Zerrungen, Verrenkungen

Die Merkmale verschiedener Beinverletzungen (Brüche, Zerrungen oder Verrenkungen) sind sich sehr ähnlich. Auch die zu ergreifenden Maßnahmen sind identisch. Deshalb werden im Folgenden alle drei Verletzungsarten erläutert ohne jeder einen gesonderten Abschnitt zu widmen.

Merkmale

(Es müssen nicht immer alle Merkmale auftreten)

- Schonhaltung (Pfote wird nicht aufgesetzt / humpeln)
- Schwellung
- berührungsempfindlich in der betroffenen Region Knochenenden sind zu sehen (offener Bruch)
- unnatürliche Stellung des Beines

Maßnahmen

- Verletzung so wenig, wie nötig berühren / bewegen
- offene Brüche steril abdecken (z.B. mit Verbandtuch)
- Bein ruhig stellen (Robert-Jones-Verband – siehe folgende Seite), wenn sich der Hund ansonsten nicht transportieren lässt
- Schwellung kühlen
- sofort vorsichtig zum Tierarzt bringen

  (siehe „Notruf" S.47 / „Notfall-Transport" S.51)

Robert-Jones-Verband

Hinweis

Decken Sie vorhandene Wunden vor dem Anlegen des Robert-Jones-Verbandes steril ab.

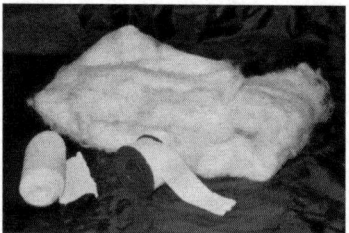

Für den Robert-Jones-Verband benötigen Sie viel Watte, mindestens eine Binde und etwas Heftpflaster.

Tipp

Verwenden Sie eine auf sich selbst haftende (cohäsive) Binde. Dadurch verrutscht der Verband nicht und lässt sich leichter wickeln.

8 Verletzungen versorgen
Verletzungen der Beine und Pfoten

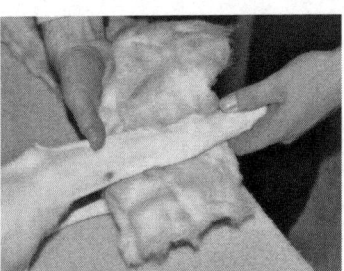

Umwickeln Sie das betroffene Bein mit Watte...

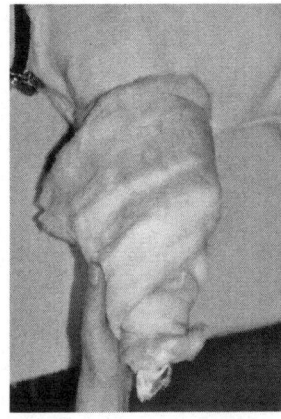

...so dass nur noch die Zehen herausschauen.

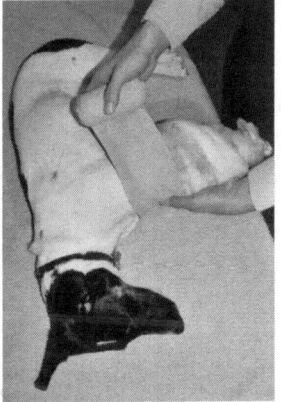

Fixieren Sie die Watte mit der Binde.

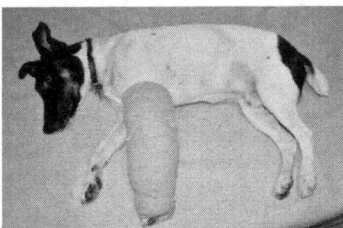

So ist das Bein vor schmerzhaften Bewegungen geschützt.

Achtung!

Sind die Zehen nach dem Anlegen des Verbandes gespreizt, so ist das ein Zeichen für einen zu fest anliegenden Verband. Das kann zu Durchblutungsstörungen führen.

Sie müssen den Verband erneut etwas lockerer anlegen!

Information

Beinverletzungen kann sich ein Hund schnell zuziehen (z.B. Gestürzt, im Schnee gestolpert, nach einem Sprung falsch aufgekommen oder bei Verkehrsunfällen).

Der Hund lahmt, hat Schmerzen und eventuell ist eine Schwellung zu erkennen. Ohne Röntgenbefund ist in der Regel keine eindeutige Diagnose zu stellen. Es kann sich um eine Verletzung des Bewegungsapparates handeln oder um einen Knochenbruch. Möglicherweise ist auch ein Gelenk in Mitleidenschaft gezogen worden. Bitte Bewegen Sie das Bein nicht zuviel bei der Untersuchung und denken Sie auch daran, einen Beißschutz anzubringen *(siehe „Fang zubinden S.31)*.

Auf jeden Fall sollten Sie einen Tierarzt aufsuchen. Warten Sie zu lange, kann es zu bleibenden Schäden (z.B. Lahmheit) kommen.

Von einer Schienung des Beines sollten Sie absehen, da durch diese Maßnahme das Bein unnötig strapaziert wird. Z.B. würden bei einem Bruch die Knochenenden gegeneinander reiben. Damit sind extreme Schmerzen verbunden (vermeidbarer Stress für den Hund).

Der Robert-Jones-Verband ist das Mittel der Wahl, wenn der Hund nicht ohne Beinruhigstellung transportiert werden kann. Dieser spezielle Verband stellt das Bein ruhig, ohne es schmerzhaft in eine Zwangshaltung zu bringen, wie z.B. bei einer Schienung.

9 Gefressene / verschluckte Fremdkörper

Das erfahren Sie in diesem Kapitel:

- Woran Sie erkennen, dass Ihr Hund einen Fremdkörper verschluckt hat

- Welche Fremdkörper entfernt werden können

- Maßnahmen zum Entfernen des Fremdkörpers aus den Atemwegen

- Maßnahmen bei Fremdkörpern, die nicht entfernt werden können

Merkmale

(Es müssen nicht immer alle Merkmale auftreten)

Der Fremdkörper befindet sich ...

... in den Atemwegen
- Würgen
- Röcheln
- Zisch- / Pfeiflaute
- Husten
- Niesen

... im Magen- / Darmtrakt
- Hund frisst eventuell nicht
- Teile des Fremdkörpers schauen aus dem Fang bzw. aus dem After heraus
- Erbrechen

... im Fang
- Hund versucht mit der Pfote den Fremdkörper zu entfernen
- Fremdkörper ist zu sehen
- eventuell ist eine Wunde bzw. Blut zu erkennen
- ist die Zunge abgeschnürt (z.B. Fäden, Kassettenband) kann sie blau anlaufen

Maßnahmen

Fremdkörper in den Atemwegen

- klopfen Sie dem Hund zwischen die Schulterblätter oder halten Sie ihn kopfüber
- beruhigend mit dem Hund reden, damit er die Maßnahmen nicht als Strafe oder Angriff versteht
- ggf. beatmen
  (siehe „Bewusstlosigkeit, Atem- / Herz-Stillstand" S.69)

Lässt die Größe des Hundes es zu, können Sie ihn kopfüber halten.

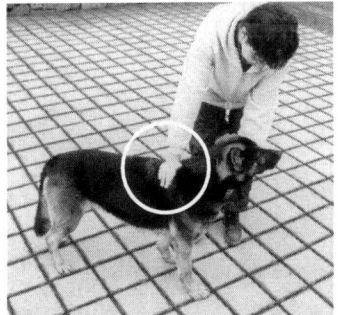

Bei großen Hunden können Sie zwischen die Schulterblätter klopfen, um die Atemwege von Fremdkörpern zu befreien.

Fremdkörper im Magen- / Darmtrakt
- auf keinen Fall entfernen
  (auch dann nicht, wenn er zum Teil herausschaut)
- sofort Tierarzt aufsuchen

Fremdkörper im Fang

Im wesentlichen können sich drei Arten von Fremdkörpern im Fang befinden:
1. **Schnurartige** Gegenstände (z.B. Fäden, Kassettenband)
2. **Sperrige** Gegenstände (z.B. Ast-, Knochenstücke)
3. **Spitze / Scharfe** Gegenstände (z.B. Splitter, Nagel, Glas)

Dementsprechend ergreifen Sie folgende Maßnahmen:

Schnurartig
- nicht herausziehen, wenn ein Teil in den Rachen hineinragt
- ggf. die Schnur durchtrennen, wenn die Zunge eingeschnürt ist
- sicherheitshalber einen Tierarzt aufsuchen, da weitere Schnur verschluckt worden sein könnte

Sperrig

- Sie können versuchen den Fremdkörper vorsichtig zu entfernen. Versuchen Sie es höchstens 2-3 mal. Weitere Versuche können zu zusätzlichen Schäden führen (z.B. Wunden, Zahnbrüche)
- sitzt der Fremdkörper zwischen den Zahnreihen (z.B. ein Stock), so können Sie versuchen ihn mit einem starken Faden zu umwickeln und durch Ziehen an der Schnur zu entfernen
- auch wenn Sie den Fremdkörper entfernen konnten, sollte ein Tierarzt den Fang begutachten, da (versteckte) Verletzungen entstanden sein könnten (z.B. Risse / Brüche an Zähnen, Kieferschäden, Lockerung von Zähnen)

Spitz / scharf

- nach Möglichkeit lassen Sie den Fremdkörper in der Wunde. Ein Herausziehen würde nur weiteren Schaden anrichten
- beruhigen Sie den Hund und verhindern Sie, dass er weiterhin versucht den Fremdkörper zu entfernen
- suchen Sie einen Tierarzt auf

Information

Aus einem Spieltrieb heraus, aus Neugier oder weil der Gegenstand gut schmeckt und riecht, können Hunde Fremdkörper aufnehmen.

Fremdkörper im Magen- / Darmtrakt dürfen Sie nicht entfernen. Auch dann nicht, wenn sie zum Teil herausschauen. Sie könnten dadurch weiteren Schaden anrichten. Der Fremdkörper im Inneren des Hundes könnte sich in einer Lage befinden, die der äußere Teil nicht vermuten lässt. Ziehen Sie nun daran, so können innere Organe verletzt werden (z.B. Zusammenziehen des Darmes).

>  **Hinweis**
>
> Papier oder Pappe wird Ihr Hund in der Regel ohne Schwierigkeiten verdauen können (evtl. tritt eine leichte Verstopfung ein).
>
> Wenn Sie in diesem Fall auf die Hilfe eines Tierarztes verzichten, müssen Sie sicher sein, dass mit dem Papier oder der Pappe keine Metallklammern verschluckt wurden. Diese können den Magen- / Darmtrakt verletzen.

Es ist unbedingt erforderlich, dass Sie einen Tierarzt aufsuchen.

Bedenken Sie bitte auch, dass der Fremdkörper nicht nur scharfkantig, sondern auch giftig (z.B. Batterien) sein kann. Außerdem kann der Gegenstand Organe von der Blutzufuhr trennen. Das kann zum Absterben des betroffenen Organs und Blutverlust führen.

Sie müssen auch dann einen Tierarzt aufsuchen, wenn der Hund weiche Kunststoffteile gefressen hat. Durch die Magensäure wird dem Kunststoff der Weichmacher entzogen, was ihn sehr hart (und unter Umständen scharfkantig) werden lässt. Ein derart unflexibler Fremdkörper kann Verletzungen im Magen- / Darmtrakt verursachen.

Bei Fremdkörpern in den Atemwegen kann es passieren, dass die Atmung aussetzt. Sie müssen dann den Hund beatmen. Lassen Sie sich nicht von einer wieder einsetzenden Atmung täuschen, Sie müssen umgehend zum Tierarzt. Vermutlich haben Sie beim Beatmen den Fremdkörper in einen Luftröhrenast geblasen. Das hilft dem Hund für den Augenblick. Wird der Gegenstand jedoch nicht entfernt, kann das zur Lungenentzündung führen.

10 Magendrehung

Das erfahren Sie in diesem Kapitel:

- Merkmale und Gefahren
- Maßnahmen
- Ursachen
- Wie das Risiko einer Magendrehung verringert werden kann

Merkmale

(Es müssen nicht immer alle Merkmale auftreten)

- unerwartete Schmerzäußerung während einer Bewegung (z.B. beim Wälzen auf dem Rücken)
- Würgen / Erbrechen
  (jedoch ohne dass der Mageninhalt herausbefördert wird)
- schnell verschlechternder Allgemeinzustand
- Pumpbewegungen im Bauch- und Brustkorbbereich
- zunehmende Aufblähung des Bauches
  (Trommeleffekt, wenn man gegen den Bauch klopft)
  – Vorsicht, schmerzhaft –
- Schockanzeichen *(siehe „Schock" S.61)*
- Hund versucht sich abzulegen, steht aber wieder auf
- zunehmende Verschlechterung der Atmung

Maßnahmen

- Hund in der Haltung lassen, die er einnimmt
- bei stark aufgegastem Magen diesen punktieren
  (siehe folgende Seite)
- geben Sie dem Hund nichts zu Fressen oder Trinken
- sofort zum Tierarzt (eine Magendrehung kann innerhalb einer Stunde tödlich sein!) *(siehe „Notruf" S.47 / „Notfall-Transport" S.51)*
- nach Möglichkeit den Hund tragen (nicht unter Brustkorb und Bauch fassen!)

Achtung!

Die Magendrehung selbst und das Punktieren verursachen Schmerzen. Bitte denken Sie an den Beißschutz. *(siehe „Fang zubinden S.31)*

Information

So punktieren Sie den Magen:

- Beißschutz anlegen
  (siehe „Fang zubinden S.31)
- Auffinden der Punktionsstelle
  (siehe 1/3-Regel)
- Haare entfernen
- Punktionsstelle desinfizieren
- mit Kanüle schnell zustechen

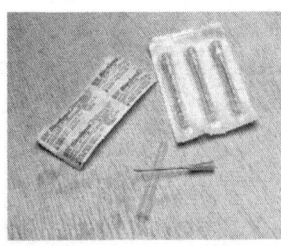

Zum Punktieren sollten Sie eine Kanüle mit möglichst großem Durchmesser wählen (z.B. für die Blutentnahme).

1/3-Regel

Teilen Sie den Körper des Hundes vor Ihrem geistigen Auge grob in drei senkrechte Teile (1, 2, 3). Der Kopf und der Hals werden miteinbezogen. Im hinteren Drittel (3) müssen Sie punktieren.

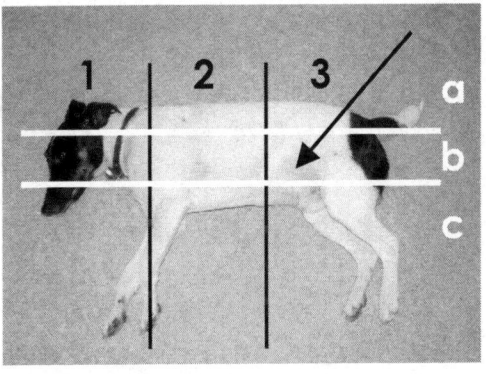

Damit Sie nicht versehentlich zu hoch (Achtung Nieren!) oder zu tief zustechen, dritteln Sie den Körper auch waagerecht (a, b, c). Die Beine werden nicht mit einbezogen.

Im mittleren waagerechten Drittel (3b) liegt die Punktionsstelle. Der Einstichpunkt liegt kurz hinter dem Rippenbogen. Ein weiterer Anhaltspunkt für die richtige Stelle ist der aufgeblähte Magen.

Weitere Informationen

Der Magen ist schlauchförmig. Im leeren und leicht gefülltem Zustand hat er annähernd eine U-Form. Stark gefüllt nimmt das sehr dehnungsfähige Organ Blasenform an. Erst wenn der Magen stark gefüllt ist, ragt er weit über die Rippen hinaus.

Im wesentlichen „hängt" der Magen an zwei Befestigungen, der Speiseröhre (oben) und dem Zwölf-Finger-Darm (unten). Der Magen wird von den Organen des Bauchraumes umgeben. Direkte „Nachbarn" sind vorne die Leber, mit der der Magen über das kleine Netz verbunden ist und hinten die Milz.

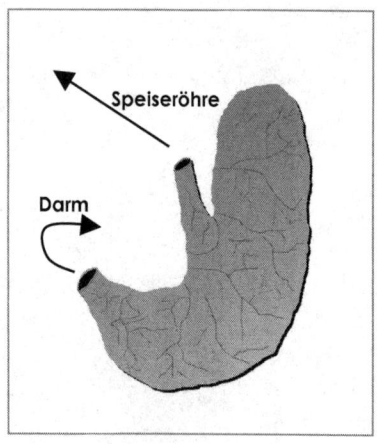

Magen im leicht gefülltem Zustand. Der Hund steht und schaut nach links.

Obwohl die Organe im Bauchraum sehr platzsparend untergebracht sind, bleibt dem Magen genügend Bewegungsfreiheit, um sich auszudehnen. Falls erforderlich werden die anderen Organe verschoben.

Die Bewegungsfreiheit birgt allerdings auch ein Risiko in sich. Bei ungünstigen Bewegungen, z.B. Wälzen oder abrupt gestoppten Bewegungen (nach vorne und unten), wie beispielsweise bei einem Sprung über ein Hindernis, kann es zur Magendrehung kommen. Begünstigt wird dieser Notfall durch ein Erschlaffen des Bindegewebes (wie es z.B. bei älteren

Hunden der Fall sein kann) oder einem gefüllten Magen. Es sind allerdings auch Fälle bekannt geworden, in denen es trotz leeren Magens zu einer Drehung kam. Auch Hunde mit einem weiten und tiefen Brustkorb (z.B. Rottweiler und Doggen) gehören zu den Risikogruppen.

Bei einer Magendrehung kann der Magen der Bewegung des restlichen Körpers nicht schnell genug folgen. Springt der Hund beispielsweise mit gefülltem Magen über ein Hindernis, führt das zu einer Pendelbewegung des Magens. Durch das Aufsetzen der vorderen Pfoten wird nach dem Sprung der Körper abrupt gestoppt. Der Magen kann diesen jähen Halt jedoch nicht sofort umsetzen. Er schwingt weiter und dreht sich um seine eigene Achse. In diesem Augenblick wird der Hund einen starken Schmerz verspüren und vermutlich aufjaulen. Derartige Schmerzäußerungen sollten für Sie ein Alarmzeichen sein, denn von nun an zählt jede Minute.

Hinweis

Bitte denken Sie auch an eine Verletzung des Bewegungsapparates, wenn der Hund beim Aufsetzen nach einem Sprung aufjault.

Durch die Drehung sind Blutgefäße abgeschnürt worden. Das führt zu einer starken Unterversorgung der vom Blutkreislauf abgetrennten Körperregionen. Zellsterben setzt ein, es drohen Organversagen und nicht umkehrbare Schäden.

Durch die Unterbrechung des Blutkreislaufes wird der Hund in einen Schock geraten *(siehe „Schock" S.61)*, der maßgeblich an der Verschlechterung seines Zustandes beteiligt ist.

Erschwert wird die Situation durch Aufgasen des Magens. Befinden sich Speisereste im Magen, so können diese nicht den üblichen Verdauungsweg durch den Darm nehmen, da durch die Drehung auch der Magenausgang verschlossen ist. Zu diesem Zeitpunkt ist jedoch bereits der Verdauungsvorgang eingeleitet worden. In der Folge entstehen Gase. Da diese nicht entweichen können (Speiseröhre und Zwölf-Finger-Darm sind „zugedreht"), bläht der Magen auf.

Auch ein leerer Magen kann aufgasen. Bedingt durch die Schmerzen und einer zunehmend schlechteren Sauerstoffversorgung (Blutkreislauf ist teilweise unterbrochen), setzten beim Hund „Pumpbewegungen" ein. Diese sorgen kurzfristig für eine bessere Sauerstoffversorgung. Sie können allerdings auch dazu führen, dass das Tier Luft schluckt. Die Folge ist ein zunehmend aufgasender Magen.

Bläht sich der Magen auf, so benötigt er mehr Raum. Das führt dazu, dass er auf Blutgefäße drückt und damit die Blutzirkulation noch stärker als bisher einschränkt. Außerdem wird er andere Organe beeinträchtigen. Insbesondere die Lunge kann sich mit zunehmendem Magenumfang schlechter ausdehnen. Das führt wiederum zu einer noch schlechteren Sauerstoffversorgung.

Sie können dem Hund Erleichterung verschaffen, indem Sie den Magen mit einer (sterilen) Injektionskanüle punktieren. Durch die hohle Nadel können die Gase entweichen.

Kanülen bekommen Sie in jeder Apotheke. Bitte entfernen Sie die Nadel, nachdem die Gase entwichen sind. Der Fremdkörper würde dem Hund bei jeder Bewegung zusätzliche Schmerzen bereiten und eventuell Organe verletzen. Falls erforderlich, können Sie den Hund ein weiteres Mal punktieren.

Vor dem Punktieren sollten Sie nach Möglichkeit an der Einstichstelle das Fell entfernen und Antiseptikum (z.B. Jod) auftragen. Stechen Sie beherzt zu. Ein zögerliches Einführen der Nadel bereitet dem Hund unnötig Schmerzen. Die Kanüle kann bis zum Kunststoffteil eingeführt werden. Am Abnehmen des Bauchumfanges, dem Geruch (faulig stinkend) und eventuell an einem leichten Luftstrom am Kunststoffteil der Kanüle, merken Sie, dass Sie richtig punktiert haben.

Bitte denken Sie an Ihre eigene Sicherheit und binden Sie dem Hund für die Dauer der Punktion den Fang zu. Anderenfalls wird er Sie vermutlich beißen.

Trauen Sie sich eine Punktion nicht zu, so sollten Sie es unterlassen, damit Sie keine Zeit verlieren, während Sie mit sich ringen. Oberstes Gebot ist bei einer Magendrehung: Sofort zum Tierarzt! Ihr Hund schwebt in akuter Lebensgefahr!

Binnen einer Stunde kann die Magendrehung zum Tode führen. Dieses ist allerdings nur ein Richtwert. Im Ernstfall kann sich der Zustand des Hundes schneller, im günstigen Fall langsamer verschlechtern. Das hängt zum einen davon ab, in welcher Verfassung der Hund vor der Magendrehung war und zum anderen, wie stark der Magen gedreht wurde. Nicht immer muss sich der Magen komplett um seine eigene Achse drehen. Unter Umständen sind dann die Speiseröhre und der Darm nur teilweise verschlossen. Sie werden dennoch eine zunehmende Verschlechterung des Allgemeinzustandes bemerken und können die zuvor beschriebenen Symptome in eventuell abgeschwächter Form beobachten. Auch in einem solchen Fall zählt jede Minute, da bei raschem Eingriff des Tierarztes Organschäden verhindert oder zurückgebildet werden können.

Als Hundehalter können Sie einer Magendrehung vorbeugen. Lassen Sie den Hund für ca. zwei Stunden nach dem Fressen pausieren. Des Weiteren ist eine Aufteilung des Futters in zwei bis drei Portionen pro Tag vorteilhaft. Darüber hinaus sollten Sie Ihren Hund erst nach einem Spaziergang oder dem Training füttern.

Bei allen Erste-Hilfe-Maßnahmen dürfen Sie den Hund nicht über den Rücken drehen (z.B. von der linken auf die rechte Seite). Sie müssen den Hund über die „Beinseite" drehen, um eine Magendrehung zu vermeiden.

11 Thermische Notfälle

Das erfahren Sie in diesem Kapitel:

- Themen:
  Verbrennungen / Verbrühungen, Hitzschlag, Unterkühlung, Erfrierungen

- Woran die Schwere der Verletzung zu erkennen ist

- Welche Maßnahmen Sie ergreifen müssen

>  **Hinweis**
>
> Bei allen thermischen Schädigungen spielen immer zwei Faktoren eine Rolle:
> **Zeit**: Dauer der Einwirkung
> **Intensität**: Stärke der Hitze oder Kälte

11.1 Verbrennungen / Verbrühungen

Auch wenn Verbrennungen und Verbrühungen unterschiedliche Ursachen haben, so muss ein Ersthelfer dennoch identische Maßnahmen ergreifen. Aus diesem Grund werden Verbrennungen und Verbrühungen unter einer Themenüberschrift behandelt.

Merkmale
(Es müssen nicht immer alle Merkmale auftreten)

Je nach Schwere der Verbrennung / Verbrühung unterscheidet man 3 Grade:

1. Grad
- Hautrötung
- betroffene Hautpartie fühlt sich warm an
- berührungsempfindlich

2. Grad
- Blasenbildung
- Hautrötung
- berührungsempfindlich
- Schockanzeichen

3. Grad
- offene Wunde / aufgeplatzte Blasen
- nässende Wunden
- eventuell abgestorbenes Gewebe erkennbar (Schorf)
- Hautfetzen
- Schockanzeichen

Maßnahmen

1. Grad

- Kühlen (z.B. fließendes Wasser, Coldpack, nasses Tuch)
- Wundheilsalbe / Brandsalbe auftragen (nachdem die Berührungsempfindlichkeit abgeklungen ist)

2. Grad / 3. Grad

- Kühlen
- Schockmaßnahmen (siehe Schock S.61)
- Wunde vor dem Transport zum Tierarzt vorsichtig steril abdecken (z.B. Verbandtuch)
- auch während des Transport weiter kühlen (z.B. mit feuchten Tüchern, Coldpack)
- sofort Tierarzt aufsuchen
  (siehe „Notruf" S.47 / „Notfall-Transport" S.51)

 **Hinweis**

Eventuell werden Sie mit Verbrennungen 4. Grades (Verkohlungen) konfrontiert. Behandeln Sie diese, wie Verbrennungen 3. Grades.

Information

Die größte Gefahr bei einer Verbrennung / Verbrühung geht vom drohenden Schock aus. Durch den Flüssigkeitsverlust der vom Unfall herrührt, kann es zum hypovolämischen Schock (Volumenmangel-Schock) kommen.

Des Weiteren kann sich ein septischer Schock (Vergiftung) einstellen. Durch das absterbende Gewebe und durch „geronnene" Eiweiße. Ab ca. 41 °C gerinnt Eiweiß. Diese Temperaturen sind bei Verbrennungen oder Verbrühungen schnell überschritten. Das körpereigene Eiweiß gerinnt und wird vom Immunsystem als Fremdkörper angesehen.

Auch das Herz kann in Folge des Stresses und der Überhitzung des Körpers versagen.

Eine große Erleichterung verschaffen Sie dem Hund durch das Kühlen der Verbrennung / Verbrühung. Am besten eignet sich dafür Wasser, das sanft über die Wunde fließt. Das Kühlen lindert den Schmerz und verhindert gleichzeitig das sogenannte „Nachbrennen". Auch nach der unmittelbaren Hitzeeinwirkung kann das betroffene Gewebe weiter geschädigt werden, da die Hitze an der Einwirkstelle gespeichert wurde. Es kommt zum „Nachbrennen".

Bei Verbrennungen / Verbrühungen 3. Grades besteht Lebensgefahr für Ihren Hund. Das gilt auch, wenn ¼ der Körperoberfläche verbrannt / verbrüht sind (auch 1. und 2. Grad!). Bei derartig erheblichen Verbrennungen versteht es sich von selbst, dass Sie einen Tierarzt aufsuchen müssen. Ihre Aufgabe besteht darin, die unmittelbaren Folgen der Hitzeeinwirkung abzuschwächen (Schock, Nachbrennen, Schmerzen) und dann den Hund zu transportieren. Deshalb sollten Sie sich nur um weitere Verletzungen kümmern, wenn es unbedingt notwendig ist, z.B. starke Blutungen oder Verletzungen, die unbehandelt einen Transport unmöglich machen (z.B. Wirbelsäulenverletzungen) *(siehe auch „Notruf" S.47 / „Notfall-Transport" S.51)*. Verschenken Sie keine kostbare Zeit.

Auf keinen Fall sollten Sie „Hausmittel" bei der Wundversorgung anwenden, z.B. Mehl auf die Wunde streuen oder Öl in die Brandwunde gießen. Auch Puder jedweder Art sind tabu.

11.2 Hitzschlag

Merkmale

(Es müssen nicht immer alle Merkmale auftreten)

- starkes Hecheln
- hohe Herzfrequenz
- Benommenheit, Taumeln
- Schock
- Bewusstlosigkeit
- erhöhte Körpertemperatur (bis 42 °C)
- blasse bzw. bläuliche Schleimhäute
- kann nicht aufstehen (Festliegen)

Maßnahmen

- Für Belüftung sorgen (Fenster öffnen, Hund aus dem Auto bzw. Raum holen)
- Hund ggf. in den Schatten legen
- Kühlen mit Wasser oder feuchten Kompressen (innerhalb 30 – 60 min. Körpertemperatur auf ca. 38-39°C senken)
- Wasser anbieten (nicht einflößen)
- Schockmaßnahmen (siehe „Schock" S.61)
- Maßnahmen bei Bewusstlosigkeit ergreifen (siehe „Bewusstlosigkeit, Atem- / Herz-Stillstand" S.69)
- Ruhe
- Klingen nach 10 – 15 Minuten die Symptome nicht ab, sollten Sie einen Tierarzt aufsuchen

Achtung!

Sollte ein Tierarztbesuch erforderlich sein, transportieren Sie den Hund bitte nicht im überhitzten, stickigen Auto! Gutes Durchlüften ist unbedingt erforderlich.

Vor dem Transport sollten Sie den Kreislauf des Hundes soweit wie möglich stabilisiert haben.

Information

Nur im Pfotenbereich hat der Hund Schweißdrüsen. Es ist einleuchtend, dass diese nicht für eine Temperaturregelung ausreichen. Die meiste Abkühlung verschafft sich der Hund über das Hecheln. Im Gegensatz zum Schwitzen des Menschen, verliert der Hund beim Hecheln keine Salze. Die erhöhte Atemfrequenz kostet jedoch Energie. Aus diesem Grund benötigt ein Hund im Sommer durchschnittlich 20% mehr Futter.

Wehrt sich Ihr Hund nicht, legen Sie eine Rettungsdecke (Kfz-Verbandkasten) über ihn. Die silberne Seite muss nach oben zeigen.

Bei hohen Temperaturen, wie sie beispielsweise im Sommer in einem Auto herrschen können (über 60 °C!) sind die Grenzen der Temperatursenkung durch Hecheln weit überschritten. Es wird nicht mehr für ausreichende Kühlung gesorgt. Der Kreislauf des Hundes droht zu kollabieren.

Die hohe Körperinnentemperatur kann zur Zerstörung von Eiweißen, den „Bausteinen" des Körpers führen. Außerdem dehnt sich das Gehirn aus. Durch den festen Schädel ist dieses aber nur in geringem Umfang möglich. Nach und nach entsteht ein Druck auf das Gehirn, der eine Bewusstseinstrübung oder Bewusstlosigkeit hervorrufen kann.

Die durch die Hitze hervorgerufene Verschlechterung des Allgemeinzustandes und das starke Hecheln sind eine Belastung für den Hund. Deshalb kann es zu Erschöpfungszuständen kommen. Bei kurzköpfigen Rassen (z.B. Mops oder Bulldogge) kann zudem ein Reizödem im Kehlkopf zu Erstickungsanfällen führen.

Hat Ihr Hund einen Hitzschlag, so müssen Sie vorsichtig für Abkühlung sorgen. Ein zu heftiges und plötzliches Abkühlen (z.B. mit einem Eimer Wasser übergießen), kann einen Schock auslösen. Fangen Sie am besten an den Beinen mit den Abkühlmaßnahmen an und arbeiten Sie sich langsam zum Rumpf und Kopf vor. Ihr Ziel ist es, die Körpertemperatur innerhalb von 30 bis 60 Minuten auf ca. 38 bis 39°C zu senken. Unterschreiten Sie diesen Temperaturbereich, wird der Organismus versuchen, Gegenmaßnahmen zu ergreifen, die Körperwärme produzieren (z.B. Zittern, Anregen des Stoffwechsels, Engstellen der äußeren Blutgefäße). Bitte kontrollieren Sie regelmäßig die Körpertemperatur *(siehe „Messen der Körpertemperatur" S.19)*.

Bieten Sie dem Hund Wasser an. Ist er in der Lage es zu trinken, so wir er es dankbar aufnehmen. Kann er jedoch nicht mehr trinken, so droht Erstickungsgefahr beim Einflößen.

Ein schattiger, gut belüfteter Platz und Ruhe wirken den Erschöpfungszuständen entgegen.

Bitte denken Sie auch ans Schattenspenden, wenn Ihr Hund wegen eines anderen Notfalls (z.B. Autounfall) in der prallen Sonne liegt. Durch die Hitzeeinwirkung können zusätzliche Komplikationen eintreten.

11.3 Erfrierungen

Merkmale
(Es müssen nicht immer alle Merkmale auftreten)

1. Grad
- Rötung
- Schmerz

2. Grad
- Schmerz
- Blasen
  (rötliche Flüssigkeit)

3. Grad
- Taubheit
- abgestorbenes Gewebe
- weiches / poröses Gewebe

Maßnahmen
- betroffene Stelle massieren
- (z.B. mit Eis, Schnee oder kaltem Wasser)
- langsam die Temperatur steigern
- Wundheilsalbe auftragen (1. Grad)
- Tierarzt aufsuchen (spätestens ab 2. Grad)

Achtung!

Bitte verwenden Sie keinen Fön zum Aufwärmen. Die Temperatur steigt zu schnell. Die Folge wäre Gewebeschäden. Außerdem droht Verbrennungsgefahr.

Information

In der Regel sind Hunde gegenüber Kälte relativ unempfindlich. Bestimmte Umstände (z.B. Kombination von Kälte und Nässe oder unbehaarte Körperstellen) können allerdings zu Erfrierungen führen. Dabei treten Gewebeschädigungen auf. Durch Massieren und langsame(!) Temperatursteigerung fördern Sie die Durchblutung des betroffenen Körperteils und verhindern somit ein (weiteres) Absterben des Gewebes.

Im Zweifelsfall sollten Sie einen Tierarzt aufsuchen, der genau die Schwere der Erfrierung feststellen kann. Bedenken Sie, abgestorbenes Gewebe kann ein Infektionsherd sein und schwerwiegendere Schäden nach sich ziehen, als der eigentliche Erfrierungsgrad verursacht hat (z.B. septischer Schock).

Für Erfrierungen besonders empfängliche Körperstellen	
Rüde	**Hündin**
• Penis • Hodensack	Zitzen
• Rute • Ohren • Pfoten	

11.4 Unterkühlung

Merkmale

(Es müssen nicht immer alle Merkmale auftreten)

- Frieren / Zittern
- Hund fühlt sich kalt an
- Tier kann sich kaum noch bewegen
- Bewusstlosigkeit
- Schock

Maßnahmen

- Hund ggf. trockenrubbeln
- Hund zunächst in kühlen Raum bringen
- innerhalb ca. 60 min Raumtemperatur langsam steigern (bis auf Zimmertemperatur)
- nach ca. 1,5 Stunden Wärme hinzufügen (z.B. Wärmflasche, Heizlampe o.ä.)
- regelmäßige Überprüfung der Körpertemperatur (Thermometer) *(siehe „Messen der Körpertemperatur" S.19)*
- ggf. Maßnahmen bei Bewusstlosigkeit ergreifen. Dabei weitere Unterkühlung vermeiden, z.B. nicht im Schnee liegen lassen / (Rettungs-) Decke unterlegen
  (siehe „Bewusstlosigkeit, Atem- / Herz-Stillstand" S.69)
- so schnell wie möglich einen Tierarzt zu Rate ziehen (zunächst telefonisch)

Achtung!

Bitte achten Sie darauf, dass Sie keine Verbrennungen verursachen, wenn Sie dem Hund Wärme zuführen.

Information

Bei einer Unterkühlung droht dem Hund ein Schock *(siehe „Schock" S.61)*. Er kann die Kreislauffunktionen nicht mehr aufrechterhalten. Ab einer Körpertemperatur von 22°C kann der Tod eintreten. Zuvor wird der Hund auf jeden Fall bewusstlos.

Sie sollten darauf achten, dass eine Unterkühlung nicht als Folgeerscheinung eines anderen Notfalls eintritt. Lassen Sie einen verunglückten Hund nicht auf kaltem Untergrund liegen. Wickeln Sie ihn z.B. in eine Decke oder Jacke ein. Wichtig ist, dass Sie sowohl das Auskühlen von unten, als auch von oben verhindern.

Lässt es Ihr Hund zu, wickeln Sie ihn in eine Rettungsdecke (Kfz-Verbandkasten) ein. Die silberne Seite muss nach innen zeigen.

Auch wenn der Hund nun Wärme benötigt, dürfen Sie ihm diese nicht zu schnell zuführen, da Sie ansonsten ein Kreislaufversagen begünstigen (Schockgefahr). Aus diesem Grund sollten Sie den Hund zunächst in einen kalten Raum bringen und die Umgebungstemperatur langsam steigern.

Gelegentlich ist zu lesen, dass man einem unterkühlten Hund kalten Kaffee einflößen solle. Nehmen Sie bitte davon Abstand, da Sie Ihren Hund durch eine zu hohe Dosis töten können.

Nehmen Sie zunächst telefonisch Kontakt mit einem Tierarzt auf, sobald es Ihre Erste-Hilfe-Maßnahmen zulassen, damit Sie das weitere Vorgehen abstimmen können.

Fahren Sie bitte nicht sofort im (beheizten) Auto zum Tierarzt. Wichtiger ist es zunächst, dass der Hund wieder seine normale Körpertemperatur erlangt. Denn nur mit einem relativ stabilen Kreislauf sollte der Hund in diesem Fall transportiert werden, um weitere Komplikationen zu vermeiden.

12 Krampfanfälle

Das erfahren Sie in diesem Kapitel:

- Merkmale eines Krampfanfalls
- Maßnahmen bei Krampfanfällen
- Erscheinungsformen und Ursachen von Krampfanfällen

Merkmale
(Es müssen nicht immer alle Merkmale auftreten)
- Krämpfe / Zittern
- Bewusstseinstrübung / Bewusstlosigkeit
- Urin- / Kotabsatz
- plötzliches Umfallen oder orientierungsloses Umherirren
- nicht ansprechbar
  (auch noch kurze Zeit nach einem Anfall möglich)
- (erschöpftes) Liegenbleiben nach Anfall
- Erholung

Maßnahmen
- Verletzungen des Hundes verhindern (z.B. Gegenstände aus dem Weg räumen, ihn von der Straße schaffen)
- eigene Verletzungen verhindern
  (Hund kann versehentlich im Anfall fest zubeißen)
- nicht versuchen, den krampfenden Hund festzuhalten
  (Verletzungsgefahr für Tier und Helfer)
- Aufregung / Stress vermeiden
  (z.B. dem Hund gegenüber ruhig verhalten)
- Auskrampfen lassen, danach Tierarzt kontaktieren
- bei langanhaltenden Anfällen (über 5 min.) den Hund sofort zum Tierarzt bringen
  (nicht das Anfallende abwarten)
- nach dem Anfall Hund zu sich kommen lassen und für Ruhe sorgen
- bei Bewusstlosigkeit entsprechende Maßnahmen ergreifen (siehe „Bewusstlosigkeit, Atem- / Herz-Stillstand" S.69)

12 Krampfanfälle

Information

Grob lassen sich Krampfanfälle in zwei Grundarten unterscheiden: Die primäre, angeborene Epilepsie und die epileptiformen Anfälle. Letztere werden durch Ereignisse hervorgerufen, die die entsprechenden Hirnregionen stimulieren (z.B. Vergiftungen, hochgradige Erregung, Infektionen oder Verletzungen des Gehirns, Staupe, Tollwut).

Die zu ergreifenden Maßnahmen sind bei beiden Formen der Krampfanfälle im Bereich der ersten Hilfe gleich.

Während eines Anfalls kann der Hunds seine Körperfunktionen nicht mehr kontrollieren. Es kommt zu den erwähnten Krämpfen. Dabei können der ganze Körper bzw. Teile davon zittern oder es kommt zu einer anhaltenden, starken Anspannung der Muskulatur (der Hund wirkt steif). In der Regel ist das Bewusstsein des Hundes getrübt oder völlig verloren gegangen.

Der Hund scheint nicht mehr auf Ansprechen zu reagieren. Reden Sie dennoch beruhigend mit dem Tier und vermeiden Sie weiteren Stress. Unterschwellig bekommt der Hund eventuell die äußeren Einflüsse mit. Ihr Verhalten kann den Anfall nicht unterbrechen, jedoch können Sie weitere Aufregung für das Tier vermeiden.

Grundsätzlich gilt es weiteren Schaden von dem Hund abzuwenden. Aus diesem Grund sollten Sie gefährliche Gegenstände (z.B. Stühle, Gartengeräte, Äste) außer Reichweite des Tieres bringen oder es aus dem Gefahrenbereich schaffen. Bitte bedenken Sie an Ihren eigenen Schutz, der Hund kann unbeabsichtigt zubeißen.

Auf keinen Fall dürfen Sie versuchen den Hundekörper während des Anfalls zu blockieren (z.B. festhalten der Beine). Durch das Krampfen werden unübliche Kräfte entwickelt, die bei Blockade zu Schäden führen können (z.B. Muskel-, Sehnenriss, Knochenbrüche).

Dauert der eigentliche Anfall bis zu fünf Minuten, können Sie das Ende abwarten und danach für Ruhe sorgen. Geben Sie dem Hund etwas Zeit, damit er zu sich kommen kann.

Bei einer Anfalldauer über fünf Minuten zögern Sie nicht, sofort einen Tierarzt aufzusuchen, da mit zunehmender Dauer eine wachsende Schädigung des Gehirns zu erwarten ist.

Bei langanhaltenden Krämpfen ist zu erwarten, dass sich das Anfallende nur noch medikamentös erreichen lässt, da sich vermutlich ein Dauerkrampf eingestellt hat. (Status epilepticus).

Ein epileptischer Anfall ist ein Warnzeichen. Es können weitere Anfälle Tage, Wochen oder Monate später folgen. Anfälle lassen sich oft medikamentös unterdrücken oder in ihrer Stärke mindern.

Bitte brechen Sie auf keinen Fall ohne Rücksprache mit Ihrem Tierarzt eine Therapie ab.

Übrigens kann Schokolade bei Hunden die zur Epilepsie neigen, Anfälle auslösen.

13 Vergiftungen

Das erfahren Sie in diesem Kapitel:

- mögliche Merkmale einer Vergiftung
- Vergiftungsquellen
- Aufnahmewege von Giften
- Verhalten bei Vergiftungen
- Vergiftungssymptome bestimmter Substanzen
- Beispiele für Gifte aus dem Alltag

Bereits im Jahre 1538 schrieb Paracelsus den noch heute gültigen Satz: „Alle Dinge sind Gift und nichts ohne Gift, allein die Dosis macht, dass ein Ding kein Gift ist".
Damit wollte er ausdrücken, dass im Grunde jede Substanz dazu geeignet ist, giftig zu sein.

Nicht jedes Gift hat seine speziellen Symptome. Erschwerend kommt hinzu, dass manche Symptome denen einer Vergiftung ähnlich sind, aber eine andere Ursache haben (z.B. Epilepsie, Nierenversagen, Schock).

Dagegen ist es beruhigend zu wissen, dass Sie bei allen Vergiftungen die gleichen Erste-Hilfe-Maßnahmen ergreifen können.

Im Folgenden werden Sie die geeigneten Maßnahmen bei Vergiftung kennen lernen. Außerdem stelle ich Ihnen einige Gifte vor, die für Hunde relativ leicht zugänglich sein können, manchmal sogar unwissentlich verabreicht werden.

Hinweis

Aufnahmewege von Giften:
1. oral (über den Fang)
2. Kontakt (Berührung z.B. mit Pfoten, Haut)
3. aerogen (einatmen)
4. Injektion (ins Blut oder Gewebe „gespritzt" z.B. Schlangenbiss, Insektenstich)

Merkmale

(Es müssen nicht immer alle Merkmale auftreten)

- Benommenheit / Bewusstlosigkeit
- Durchfall (eventuell blutig)
- Verstopfung
- Erbrechen
- Lähmungen
- Blut im Urin / Kot
- Atemstörung
  (Atemstillstand, langsames, schnelles oder unregelmäßiges Atmen)
- Herzprobleme
  (Herzstillstand, schnelles, langsames oder unregelmäßiges Schlagen)
- Unruhe
- Schwäche
- Antriebslosigkeit
- blasse oder blaue Schleimhäute
- hellrote Schleimhäute bei Kohlenmonoxidvergiftung (Autoabgase)
- Haarausfall
- Hautprobleme (z.B. Pusteln, Ausschlag)
- Blutergüsse (ohne vorhergehende Prellung)
- Schaum am und im Fang
- Krämpfe (Zucken, Zittern, Erstarren)

Maßnahmen

- denken Sie an den Eigenschutz
  (z.B. Handschuhe tragen, nicht in gasgefüllte Räume gehen)
- weitere Giftaufnahme verhindern
  - Hund am Weiterfressen hindern
  - Hund aus giftiger Substanz entfernen
  - Kontaktgifte:
    - Fell reinigen mit klarem Wasser (Bach, Dusche), eventuell Seife verwenden
      (nicht kräftig reiben oder bürsten)
    - lässt sich die Substanz nicht abwaschen, scheren Sie das Fell vorsichtig
    - Hund am Fellablecken hindern
  - gasförmige Gifte: Hund an die frische Luft schaffen
  - orale Aufnahme: Wasser in kleinen Schlucken verabreichen (am besten mit einer Spritze)
- Atemwege freihalten
- Schockmaßnahmen
  (siehe „Schock" S.61)
- bei Bewusstlosigkeit entsprechende Maßnahmen einleiten (siehe „Bewusstlosigkeit, Atem- / Herz-Stillstand" S.69)
- Kreislauf entlasten
  (kein Stress, nach Möglichkeit den Hund tragen)
- Proben sammeln
  (z.B. Erbrochenes, Gift, vergiftetes Material, Verpackungen)
- sofort einen Tierarzt aufsuchen
  (siehe „Notruf" S.47 / „Notfall-Transport" S.51)

 Hinweis

Verabreichen Sie dem Hund nur Wasser, wenn:
- er bei Bewusstsein ist
- er sich nicht wehrt
- er keine schäumenden Substanzen zu sich genommen hat (z.B. Putzmittel)
- sich das Gift noch nicht lange im Körper befindet

Als Faustformel gilt, feste Gifte bleiben ca. zwei Stunden, flüssige ca. eine Stunde im Magen- / Darmtrakt.

Achtung!

ungeeignete Maßnahmen:
- Erbrechen auslösen
- verkohlten Toast als Aktivkohlersatz geben
- Milch / Öl verabreichen

Diese Maßnahmen sind besten Falls unwirksam, können allerdings auch weitere Komplikationen hervorrufen.

Information

Bei einem vergifteten Hund gilt es zunächst einmal die Vitalfunktionen zu sichern. Dabei ist es wichtig, dass Sie an Ihren eigenen Schutz denken. Ist der Hund beispielsweise mit Kontaktgift (z.B. einige Insektizide) in Berührung gekommen, fassen Sie den Hund nicht mit bloßen Händen an oder beatmen ihn gar! Falls Gefahr für Sie besteht, müssen Sie diese zunächst beseitigen (vergiften Sie sich, können Sie nicht mehr Ihrem Hund helfen!).

Bitte bedenken Sie auch, dass Gifte gasförmig sein können: z.B. Kohlenmonoxid (CO), das in Autoabgasen enthalten ist (Garage) oder Kohlendioxid (CO_2), das bei Gärprozessen oder Verbrennungen entsteht (z.B. Silos, Weinkeller, Feuer). Versorgen Sie den Hund nicht in dem Raum, in dem sich das Gas befindet. Holen Sie den Hund aus dem betroffenen Raum oder lüften Sie ihn gut (warten Sie bitte während des Lüftens außerhalb).

Haben Sie die Giftaufnahme beobachtet, können Sie versuchen, den Hund zu dekontaminieren[6]. Die Maßnahmen richten sich nach dem Aufnahmeweg.

Grundsätzlich sollten Sie keine Chemikalien (z.B. Medikamente, Terpentin) zum Entgiften des Hundes nehmen. Dadurch riskieren Sie eine Verschlechterung seines Zustandes, z.B. könnten Sie eine Mehrfachvergiftung hervorrufen oder eine Überkorrektur verursachen. D.h. es ist zu viel eines Gegengiftes angewandt worden. Dadurch wird die Wirkung des ursprünglichen Giftes aufgehoben, aber das Gegengift wirkt nun als Gift.

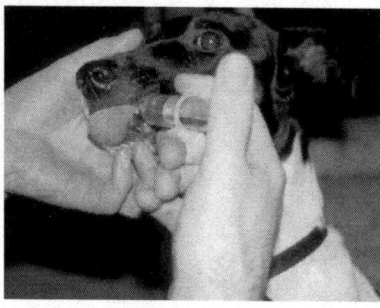

Flößen Sie Wasser mit einer Spritze von der Seite ein. Dadurch wird ein Schluckreflex ausgelöst.

Spritzen Sie das Wasser langsam und nur, wenn der Hund sich nicht wehrt, damit er sich nicht verschluckt.

Sie können klares Wasser verwenden, um den Hund abzuspülen (eventuell Seife verwenden) bzw. es ihm einflößen, um das Gift zu verdünnen. Hat der Hund jedoch schäumende Mittel zu sich genommen (z.B. Putzmittel), dürfen Sie im kein Wasser geben. Es kann ansonsten zu einem aufschäumen der Substanz kommen. Den entstehenden Schaum kann der Hund einatmen. Atemwegsschäden und Ersticken drohen.

---

[6] dekontaminieren = von der giftigen Substanz befreien / reinigen

Beim Reinigen des Fells dürfen Sie nicht kräftig reiben oder bürsten, da dadurch die Haut geschädigt wird. Das Gift kann dabei in die Wunde eindringen.

Ein Staubsauger eignet sich nicht für die Reinigung des Hundes, da er die giftigen Stoffe trotz Filter in die Raumluft abgibt.

Verwenden Sie für die Dekonterminierung nicht zuviel Zeit. Erst Recht nicht, wenn Sie nicht genau wissen, um welches Gift es sich handelt. Wichtiger ist es, dass Sie den Hund schnell zum Tierarzt bringen. Dieser hat wirkungsvolle Möglichkeiten, den Hund vom Gift zu befreien. Außerdem wird er die bereits aufgenommenen Substanzen unschädlich machen und versuchen, entstandene Schäden umzukehren. Des Weiteren kann er bei Komplikationen (z.B. Einatmen von Erbrochenem) Gegenmaßnahmen ergreifen. Da Ihnen vermutlich diese Möglichkeiten am Unfallort fehlen, sollten Sie nicht den Hund zum Erbrechen bringen. Das Erstickungsrisiko ist größer, als der Nutzen. Hinzu kommt, dass das Erbrechen eine kreislaufanregende Wirkung hat. Dadurch werden schon aufgenommene Substanzen schneller im Körper transportiert und zeigen eher ihre Wirkung. Darüber hinaus wird der Magen beim Erbrechen nicht komplett entleert. Es wird also Gift im Körper zurückbleiben. Erbrechen auslösen vergeudet wertvolle Zeit (Brechmittel anrühren und warten auf einsetzen der Wirkung, ggf. wiederholen)!

>  **Hinweis**
>
> Das interessiert den Tierarzt bei Vergiftungen:
> - wann wurde das Gift aufgenommen
> - was wurde aufgenommen
> - wie wurde das Gift aufgenommen
> - wie viel wurde davon aufgenommen
> - wie häufig (über welchen Zeitraum)

Bei vielen Vergiftungen kommt es vor, dass der Hund ohne Einfluss ihrerseits erbricht (z.B. Aspirin, Zwiebeln). Ihre Aufgabe besteht in einem solchen Fall darin, die Atemwege freizuhalten (Schleim oder Speisereste entfernen). Angenehmer und sicherer (kein Kontakt mit dem Gift) ist diese Aufgabe für Sie, wenn Sie Handschuhe tragen.

Vermeiden Sie nach Möglichkeit Anstrengungen und Aufregung für den Hund, da diese kreislaufanregend wirken. Falls es Ihnen möglich ist tragen Sie das Tier zum Auto.

Flößen Sie dem Hund keine „Hausmittel" ein. Beispielsweise Milch oder Öl können die Giftaufnahme beschleunigen.

Ausgewählte Beispiele für giftige Substanzen
Sie können einiges dazu beitragen, dass es nicht zu einer Vergiftung kommt. Im Folgenden werde ich einige Vergiftungsquellen auflisten und leicht zugängliche Gifte erläutern bzw. Substanzen vorstellen, die nicht unbedingt als Gift bekannt sind.

Mögliche Vergiftungsquellen
- Küche
 (z.B. koffeinhaltige Getränke, Zwiebeln, Schokolade)
- Haushaltsreiniger
- Arzneimittel
- Hobby- / Werkraum
 (z.B. Farben, Lacke, Holzschutzmittel)
- Garage (z.B. Abgase, Frostschutzmittel)
- Garten
    - Schädlings- und Unkrautbekämpfungsmittel
    - Pflanzen z.B. Goldregen, Eibe, Oleander, Mistel
      (denken Sie auch ans „Stöckchenholen")
- Büro (z.B. Kleber, Minen)
- Gardinen / Angelzubehör (Blei)
- Haschisch, z.B. in Plätzchen (THC)
- Tabak (Nikotin)
- Alkohol
- Kunststoffe

Aspirin

Aspirin wird in der Regel nicht beim Hund als Schmerzmittel eingesetzt, allenfalls zur Blutverdünnung (z.B. bei Blutparasiten) oder zur Bekämpfung von Entzündungen. Sie sollten Aspirin jedoch nicht ohne Absprache mit dem Tierarzt verabreichen, da eine Überdosierung tödlich sein kann. Die Wirkung macht sich durch Erbrechen (eventuell mit Blut), Benommenheit, Depression und später Bewusstlosigkeit bemerkbar.

Die tödliche Dosis liegt bei ca. 50 mg pro Kilogramm Körpermasse (kg KM).

Beispiel:

Ihr Hund wiegt 10 kg. Dann könnte ihn eine Dosis von 500 mg töten. Das entspricht einer Tablette „Aspirin Direkt".

Avocado

Diese Frucht steht im Verdacht, Herzgewebe absterben zu lassen. Aus den Samen wird in den Herkunftsländern Rattengift hergestellt.

Die auftretenden Symptome sind die einer Herzschwäche: Atemnot, schneller Puls und Wasseransammlung im Gewebe.

Blei

Blei kann „pur" aufgenommen werden z.B. durch verschlucken von Anglerutensilien, Bleiband in Gardinen, Tischdeckengewichten, Batterien / Akkus.

Der Stoff ist auch in verschieden Chemikalien vorhanden, z.B. in manchen Farben (die enthaltenen Bleisalze schmecken süß). Auch durch Schussverletzungen kann eine Bleivergiftung ausgelöst werden.

Eine Bleivergiftung tritt langsam ein. Zudem kann es mehrere Monate dauern, bis die Substanz ausgeschieden ist.

Blei schädigt auf dreifache Weise: Nervensystem, Blut und Magen-Darm-Trakt. Es wirkt lokal ätzend. Dringt beispielsweise eine Bleikugel in den Körper ein, so wird das Gewebe um die Kugel herum so zerstört, als wäre der Hund mit Säure in Berührung gekommen. Für den Hundehalter werden vermutlich andere Symptome offensichtlicher sein: Sehstörungen bis zur Erblindung, Durchfall, Erbrechen, Atemstörungen, Zittern, später Lähmung, Tobsucht, Anlaufen gegen Hindernisse, im Kreislaufen.

Durch Milch wird die Bleiaufnahme gefördert. Somit ist davon auszugehen, dass Welpen durch die Notwendigkeit Milch aufzunehmen eine weitere Gefährdung erfahren.

Säugende Tiere mit einer Bleivergiftung stellen ein Risiko für ihren Nachwuchs dar, da Blei nicht nur über Kot und Urin ausgeschieden wird, sondern auch über die Milch.

Cumarinderivate

Cumarin[7] und dessen verwandte Produkte (Derivate) werden als Rattengift eingesetzt. Das Gift stört die Blutgerinnung, das Tier verblutet innerlich.

Zu den bekanntesten Derivaten gehören: Warfarin (älteres Produkt), Brodifacoum, Bromadiolon und Diphacinon. Entsprechende Hinweise finden Sie auf der Packung bzw. der Beilage.

Der Hund wird das Gift entweder durch das Fressen eines Köders oder eines vergifteten Tieres aufnehmen. Die Wirkung

---

[7] auch Coumarin geschrieben

setzt erst nach ca. 3-5 Tagen ein. Besonders über den Gelenken werden Blutergüsse ohne eine vorhergehende Gewalteinwirkung sichtbar. Außerdem ist mit blutigem Durchfall und eventuell mit Nasenbluten zu rechnen. Hinzu kommen die Symptome eines Blutmangels: Schock, Atemnot, schneller Puls, Unterkühlung und Benommenheit.

Sie sollten einen mit Cumarin vergifteten Hund schnellstmöglich zum Tierarzt bringen. Beim Transport empfiehlt sich eine Schocklage *(siehe „Schock" S.61)* und weiche Lagerung, da auch kleine Prellungen zu untypisch hohem Blutverlust führen können.

Frostschutzmittel (Glykol)

Das in Frostschutzmitteln enthaltene (Ethylen-)Glykol schmeckt süß. Deshalb ist es erklärlich, wieso Hunde von sich aus Frostschutzmittel zu sich nehmen.

Nach der Aufnahme werden sich innerhalb der ersten Stunde folgende Symptome zeigen: Angst / Unruhe, Taumeln, Erbrechen, Lähmung, Bewusstseinseintrübung / Bewusstlosigkeit, Krämpfe. Es werden ähnliche Symptome, wie bei einem Alkoholrausch zu beobachten sein.

Nach einer scheinbaren Erholung werden sich ca. 2-3 Tage nach der Aufnahme die Folgen einer Nierenschädigung zeigen: Ermattung, Erbrechen, Durchfall, Störungen beim Urinabsatz.

Je schneller Sie einen Tierarzt aufsuchen, desto höher ist die Heilungs- bzw. Überlebenschance Ihres Hundes.

Schokolade

Schokolade bzw. Kakaobohnen enthalten Theobromin. Diese Substanz wird vom Hundeorganismus gut aufgenommen. Nach ca. 4 – 12 Stunden setzt die Wirkung ein. Der Hund bekommt Krampfanfälle und Atembeschwerden. Am Ende wird er an Herzversagen sterben.

Alle kakaohaltigen Speisen sollten deshalb für Hunde tabu sein. Besonders stark wirksam sind Speisen mit hohem Kakaogehalt (z.B. Zartbitterschokolade, Kuvertüre).

Die tödliche Dosis liegt bei ca. 6 g Zartbitterschokolade pro Kilogramm Körpermasse (kg KM).

Beispiel:

Ihr Hund wiegt 10 kg. Dann kann der Verzehr von 60 g (nur etwas mehr als eine halbe Tafel!) Zartbitterschokolade für ihn tödlich sein.

Vollmilchschokolade enthält weniger Kakao, deshalb liegt die tödliche Menge bei ca. 18 g pro kg KM.

Weitaus geringere Mengen an Schokolade sind nötig, um bei Epileptikern Anfälle auszulösen.

Zwiebel

Im Gegensatz zum Menschen hat der Hund keinen Schutz vor den in Zwiebeln enthaltenen Disulfiden. Diese lassen sich nicht durch Trocknen oder Kochen inaktivieren.

Disulfide zerstören die roten Blutkörper. Die Wirkung setzt zunächst mit Erbrechen und Durchfall ein. Nach 1-3 Tagen kommen die Symptome einer Blutarmut zum tragen: blasse Schleimhäute, schneller Puls, schnelle Atmung, dunkler Urin.

Setzt man die Fütterung von Zwiebeln ab, so erholt sich der Hund in der Regel binnen einer Woche.

Die giftige Dosis liegt zwischen 5-10 g pro Kilogramm Körpermasse (kg KM).

Beispiel:

Ihr Hund wiegt 10 kg. Dann können die Symptome einer Vergiftung auftreten, wenn Sie 50 g Zwiebeln füttern. Zum Vergleich: eine mittlere Gemüsezwiebel wiegt ca. 300 g.

14 Verätzungen

Das erfahren Sie in diesem Kapitel:

- Wie es zu Verätzungen kommt
- Merkmale von Verätzungen
- Maßnahmen bei Verätzungen am und im Körper

Merkmale

(Es müssen nicht immer alle Merkmale auftreten)

- plötzliches Aufjaulen
- heftiges Belecken der betroffenen Körperstelle
- bei Verätzungen im Fang: starker Speichelfluss
- Schwellung
- Schorfbildung oder milchiger Belag, jedoch keine Blutung
- abgestorbene Geweberegionen oder Rötungen sind zu erkennen, der Übergang zum intakten Gewebe ist jedoch fließend
- bei Verätzungen am Auge: Zukneifen des betroffenen Auges, eventuell „Wischen" mit der Pfote, Rötung ist zu erkennen, das Lid kann geschwollen sein

Maßnahmen

- betroffenen Bereich großzügig mit klarem Wasser abspülen (haben Sie kein Wasser zur Hand können Sie die Wunde abtupfen (z.B. sterile Wundauflage, Taschentücher) – bitte verwenden Sie jeden „Tupfer" nur einmal). Ideal ist sterile, physiologische Kochsalzlösung (NaCl).
- ggf. Augen so ausspülen, dass die verunreinigte Flüssigkeit nicht ins andere Auge läuft *(siehe „Augen" S.89)*
- bei Verätzungen im Körper: Wasser verabreichen (Ausnahme: schäumende Substanzen)
  (siehe auch „Vergiftungen" S.157)
- hindern Sie den Hund am Belecken der betroffenen Körperstelle (z.B. durch Verband oder T-Shirt *siehe S.81*)
- suchen Sie einen Tierarzt auf

14 Verätzungen

Information

Bei einer Verätzung wird Gewebe zerstört. Dabei ist es zunächst nicht von Bedeutung, ob es sich um eine Säure (z.B. Essig) oder um eine Lauge (z.B. Putzmittel) handelt. Ausschlaggebend für den Grad der Schädigung ist die Konzentration und die Einwirkzeit der ätzenden Substanz. Aus diesem Grund ist Wasser bei Verätzungen sehr wirkungsvoll. Es spült entweder die Säure bzw. Lauge aus der Wunde oder verdünnt sie (z.B. im Magen). Außerdem hat es eine kühlende Wirkung. Sterile, physiologische Kochsalzlösung ist dem Wasser vorzuziehen. Erst recht bei Verätzungen am Auge.

Auf dem Weg zum Tierarzt können Sie feuchte Tücher oder Coldpacks einsetzen, um die Schmerzen zu lindern und Schwellungen zu vermindern.

Der Magen selbst ist von Natur aus relativ gut gegen Säure geschützt, schließlich kommt bei Verdauungsprozessen Salzsäure zum Einsatz. Damit es nicht zu Selbstverdauungsprozessen kommt, befindet sich im Mageninneren eine schützende Schleimhaut. Dementsprechend ist der Magen gegenüber Laugen empfindlicher. Die Speiseröhre und der Fang sind weder gegen Laugen noch gegen Säuren geschützt.

Der Kontakt mit einer ätzenden Substanz kann Folgeschäden nach sich ziehen. Abgestorbenes Gewebe kann zu einer Blutvergiftung führen. Durch das Absterben können Organe in ihrer Funktion eingeschränkt werden (z.B. Erblinden, Verdauungsstörungen). Um derartiges zu verhindern, sollten Sie nach der Erstversorgung des Hundes einen Tierarzt aufsuchen.

Bitte bedenken Sie auch, dass ätzende Substanzen zusätzlich Vergiftungen auslösen können (z.B. Putzmittel). Näheres dazu finden Sie im Kapitel „Vergiftungen" ab S.157.

15 Insektenbisse und –stiche

Das erfahren Sie in diesem Kapitel:

- Stiche von Bienen, Hornissen und Wespen:
    - Gefahren
    - richtiges Entfernen von Stacheln
    - weitere Maßnahmen

- Zeckenbisse:
    - Gefahren
    - richtiges Entfernen von Zecken
    - weitere Maßnahmen

15.1 Insektenstiche

Merkmale
(Es müssen nicht immer alle Merkmale auftreten)

- Hund jault plötzlich auf
- eventuell steckt ein Stachel in der Haut
- Hund beisst, kratzt oder leckt sich an einer Stelle stark
- Einstichstelle schwillt an

Folgende Komplikationen können zusätzlich auftreten:

Stiche in die Atemwege
- ringen nach Luft
- blaue Schleimhäute
- Schock *(siehe „Schock" S.61)*
- Bewusstlosigkeit
  (siehe „Bewusstlosigkeit, Atem- / Herz-Stillstand" S.69)

allergische Reaktionen
- Schwellungen am Körper
- Atemnot
- blaue Schleimhäute
- Hautirritationen
  (z.B. Quaddeln, Rötungen)
- Schock
- Bewusstlosigkeit

Maßnahmen

- Hund beruhigen
- vorhandenen Stachel schnell entfernen (nach Möglichkeit mit Pinzette)
- Einstichstelle kühlen
- bei Stichen in den Atemwegen kaltes Wasser oder Eis anbieten (nicht gewaltsam einflößen!) / Hals von außen kühlen (z.B. Coldpack)
- bei Bewusstlosigkeit entsprechende Maßnahmen ergreifen *(siehe „Bewusstlosigkeit, Atem- / Herz-Stillstand" S.69)*
- Schockbekämpfung *(siehe „Schock" S.61)*
- Gel bzw. Salbe für Insektenstiche auftragen (Antihistaminika)
- ab dem folgenden Tag Wundheilsalbe auftragen
- hindern Sie den Hund am ständigen Belecken der Einstichstelle (z.B. durch Verband, T-Shirt, Socke) *(siehe dazu „Verletzungen versorgen" S.81)*
- bei allergischen Reaktionen oder Stichen in den Atemwegen sofort zum Tierarzt *(siehe „Notruf" S.47 / „Notfall-Transport" S.51)*

Information

Insektenstiche können auch für einen Hund sehr schmerzhaft sein. Bei Bienenstichen kommt hinzu, dass in der Regel das Hinterteil des Insekts mit der enthaltenen Giftdrüse abgetrennt wird und in der Stichwunde stecken bleibt. Die Drüse pumpt weiterhin Gift in die Einstichstelle.

Es kann ebenfalls vorkommen, dass sich eine Wespe oder Hornisse nicht sofort befreien und davonfliegen kann. Es besteht die Gefahr, dass der Hund das Insekt verschluckt, wenn er die schmerzhafte Stelle beleckt. Beim Verschlucken kann

Gift in die Atemwege gelangen und diese durch Anschwellen verlegen.

Steckt in der Wunde noch ein Stachel oder hängt das ganze Insekt fest, entfernen Sie den Fremdkörper. Dazu können Sie die Finger benutzen, besser ist jedoch eine Pinzette. Fassen Sie das Insekt bzw. den Stachel an und ziehen Sie ihn gerade heraus. Dabei sollten Sie es vermeiden, den Giftsack bzw. das Insekt zusammenzudrücken, um nicht weiteres Gift in die Einstichstelle zu pressen.

Wenn Ihr Hund nicht allergisch reagiert, ist die Angelegenheit fast durchgestanden. Sie können noch ein Antihistaminikum auftragen, um die Schwellung zu verringern. Auch Kühlen (z.B. Coldpack) wird der Hund als angenehm empfinden, da es den Schmerz lindert und ein weiteres Anschwellen der Wunde verhindert.

Der Hund sollte sich nicht ständig die Wunde lecken, da es ansonsten zu Ekzemen führen kann. Ziehen Sie ihm einfach ein T-Shirt an, legen Sie einen Verband an oder ziehen Sie ihm eine Socke über das betroffene Bein.

Hat sich die Wunde geschlossen (Schorf), können Sie Wundheilsalbe auftragen. Diese lindert den Juckreiz und fördert die Heilung.

Bei einer allergischen Reaktion können ebenso wie bei direkten Stichen in die Atemwege die Schleimhäute anschwellen und das Atmen erschweren bzw. unmöglich machen.
Durch Kühlen der Halspartie (z.B. mit Coldpacks oder Gefrorenem aus dem Eisfach) können Sie das Anschwellen verringern. Bringen Sie den Hund in die Schocklage *(siehe „Schock" S.61)*.

Bei Bewusstlosigkeit müssen Sie die entsprechenden Maßnahmen ergreifen *(siehe „Bewusstlosigkeit, Atem- / Herz-Stillstand" S.69)*. Sie sollten schnellst möglich einen Tierarzt aufsuchen.

15.2 Zecken

Merkmale
(Es müssen nicht immer alle Merkmale auftreten)

- Rötung / Schwellung um die Bissstelle herum
- Zecke steckt in der Wunde (schwarz, stecknadelkopfgroß bzw. vollgesogen, erbsengroß)

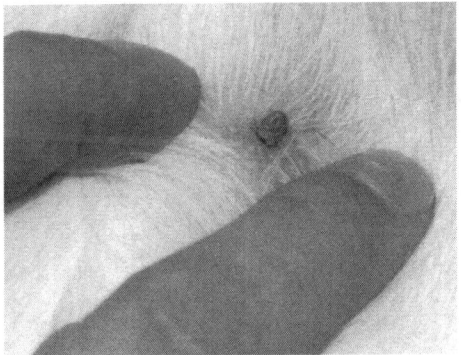

Kaum sichtbar bohrt sich die Zecke kopfüber in den Wirt.
Diese Zecke hat bereits Blut aufgenommen, ist aber noch nicht vollgesogen (Originalgröße).

Zecken können während des Blutsaugens Krankheitserreger in den Hundeorganismus schleusen.

Im wesentlichen können drei Krankheiten übertragen werden: Frühsommer-Meningoenzephalitis (FSME), Borreliose, Babesiose.

FSME
(Es müssen nicht immer alle Merkmale auftreten)
- Krämpfe
- Fieber
- Bewegungsstörungen
- Lähmungen
- Kopf Tief- oder Schiefhalten

Borreliose
(Es müssen nicht immer alle Merkmale auftreten)
- in den ersten drei Tagen zunehmende Lahmheit (lässt danach wieder nach)
- nach 2-4 Wochen kann ein zweiter und dritter Schub folgen (auch an anderen Gelenken, vorzugsweise an den Pfoten)
- Schwellung ist ertastbar, eventuell sichtbar (vor allem an den Gelenken)
- wiederkehrendes Fieber (um 40°C)
- Teilnahmslosigkeit
- Hund bewegt sich ungern und lässt sich nicht berühren (Gelenk- / Muskelschmerzen)
- Hund frisst nicht
- Mattheit

Babesiose

(Es müssen nicht immer alle Merkmale auftreten)

- Ausbruch der Krankheit nach 10-20 Tagen
- Mattheit
- Hund frisst nicht
- rasches Abmagern
- Hepatitis
  (Gelbsucht – eventuell erkennbar an einer Gelbfärbung des Augapfels)
- Fieber
- Blutarmut
  (blasse Schleimhäute, kraftlos, eventuell Atemnot und erhöhter Puls)
- Entzündungen im Fang
- Krämpfe *(siehe auch „Krampfanfälle" S.153)*
- Lähmungen
- Bewusstseinsstörungen
- dunkel gefärbter Urin

Maßnahmen

- Zecke schnellstmöglich entfernen (Zeckenzange)
- eventuell Wunde desinfizieren
- Hund bzw. Wunde beobachten und auf Veränderungen achten (Verhalten, Rötungen, Schwellungen)
- Zecke töten
  (Waschbecken oder Toilette wird sie überleben!)
- ggf. Tierarzt aufsuchen

# Hinweis

So entfernen Sie eine Zecke richtig:

- Zeckenzange nah an der Hundehaut ansetzen und den Zeckenkopf gut ergreifen
- Zecke langsam und gerade herausziehen (falls das nicht möglich ist, Zecke nach Links oder Rechts drehen)
- töten Sie die Zecke bitte nicht vor dem Herausziehen (z.B. durch Öl, Klebstoff, Zerquetschen). Im Todeskampf wird die Zecke eventuell vorhandene Krankheitserreger vermehrt in die Wunde absondern
- um Infektionen zu verhindern, können Sie die Wunde desinfizieren (z.B. mit Betaisodona)

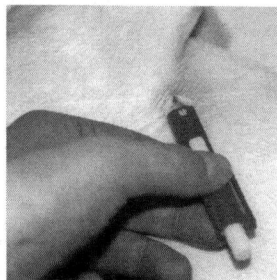

Setzen Sie die Zeckenzange am Kopf des Insektes an. Der (blutgefüllte) Leib darf nicht zusammengepresst werden.

Information

Zecken zählen zu den Spinnentieren. Sie leben hauptsächlich in Waldreichen Gegenden auf grasreichen Lichtungen. Streift ein Warmblüter (z.B. Hund) durchs Gras, so erkennen die Zecken diesen am Geruch und der ausgestrahlten Wärme. Schnell besteigen sie den zukünftigen Wirt.

Hinweis

„Zecken-Saison" ist von Frühling bis Herbst. Fall es möglich ist, sollten Sie in dieser Zeit Waldnähe meiden.

Zecken fallen übrigens nicht, wie Gerüchte behaupten von den Bäumen.

Nach dem die Zecke auf den Körper ihres „Blutspenders" gelangt ist, sucht sie sich eine haarlose Stelle. Gerade bei Hunden kann diese Stelle am Kopf sein (Stöbern), oft werden aber auch der Nacken oder der Bauch aufgesucht. Es sollen sogar schon Zecken auf der Zunge gefunden worden sein.

Da die Zecke ungefähr so groß wie ein Stecknadelkopf ist, benötigt sie nicht viel haarfreien Platz um mit dem Saugen zu beginnen. Zunächst beißt sich die Zecke mit ihren hohlen Zangen fest. Dabei pumpt sie Speichel in die Wunde. Dieser Speichel hat zwei Funktionen: zum einen verhindert er das Gerinnen des Blutes und zum anderen betäubt er die Bissstelle – der Hund bemerkt den Biss nicht. Die Zecke saugt solange Blut bis sie ca. erbsengroß ist. Danach fällt sie ab.

Jedes Entwicklungsstadium der Zecke (Larve, Nymphe, erwachsene Zecke) benötigt eine Blutmahlzeit. Larven und Nymphen befallen allerdings eher kleinere Warmblüter wie Wühlmäuse.

Der Blutverlust wird den Hund nicht schädigen. Allerdings können sich Krankheitserreger in den Speicheldrüsen der Zecke befinden. Diese wurden zuvor durch Blutsaugen bei einem anderen Wirt aufgenommen. Durch das Absondern von Speichel gelangen sie dann in den Hundeorganismus.

Der am weitesten verbreitete Krankheitserreger ist der Auslöser der Borreliose (borrelia burgdorferi). Es gibt verschiedene Formen dieses Bakteriums, die einen unterschiedlichen Krankheitsverlauf verursachen können. Im wesentlichen werden sich allerdings die unter „Merkmale" beschriebenen Symptome zeigen. Gegen Borreliose kann ein Hund geimpft werden. Es empfiehlt sich dafür die kalten Monate zu wählen, da dann zur „Zecken-Saison" der volle Impfschutz besteht. Eine Impfung ist allerdings ganzjährig möglich.

Nur im geringen Maße und in bestimmten Regionen (in Teilen von Süddeutschland, Österreich, Schweiz und Ungarn) tauchen Zecken auf, die mit dem Erreger der FSME infiziert sind (Frühsommer-Meningoenzephalitis-Virus). Bei der FSME handelt es sich um eine Hirnhautentzündung, die zu starken Schädigungen führen kann. Wird jedoch ein FSME-Befall überstanden, ist Ihr Hund lebenslang immunisiert. Hunde sind allerdings nur in geringem Maße für FSME anfällig.

Der dritte Krankheitserreger, den eine Zecke übertragen kann ist der Babesiose-Auslöser (Babesien). Hierbei handelt es sich um Einzeller, die sich in den roten Blutkörper „einnisten" und diese dabei zerstören. Die Folge ist unter anderem eine Blutarmut. Babesien finden sich in erster Linie in Nordafrika, im Mittelmeerraum, Asien und USA).

Eine schnelle Entfernung der Zecke vom Hund schützt ihn vor einer weiteren Aufnahme von Krankheitserregern. Es dient aber auch Ihrem eigenen Schutz, da Zecken ebenfalls den

Menschen als Wirt benutzen. Die angesprochenen Krankheiten können ebenso bei Ihnen ausbrechen.

Eine Zecke sollten Sie immer töten. Zertreten oder verbrennen Sie sie. Im Mülleimer oder in der Toilette wird sie überleben, selbst wenn sie schon durch das Entfernen malträtiert wurde. Bitte zerdrücken Sie die Zecke nicht in der Hand, damit Sie eine Berührung mit Krankheitserregern ausschließen können. Aus dem selben Grund sollten Sie eine Zecke nicht mit den Fingern entfernen. Hinzu kommt, dass dabei der Kopf der Zecke stecken bleiben und eine Entzündung hervorrufen kann und bei der Entfernung weitere Krankheitserreger in den Hundeorganismus gelangen, da Sie zwangsläufig auf den Körper der Zecke drücken.

Einem Zeckenbefall können Sie auf zweierlei Weise vorbeugen. Falls möglich, meiden Sie von Zecken bevorzugte Plätze. Außerdem können Sie mit Ihrem Tierarzt ein entsprechendes Präparat zur „Zeckenabschreckung" herausfinden. Das kann z.B. ein Halsband sein, das mit einem Wirkstoff präpariert ist oder eine Substanz, die ins Fell geträufelt wird (Spot-on-Produkt).

Die frei verkäuflichen Halsbänder zeigen erfahrungsgemäß keine ausreichende Wirkung. Der Tierarzt kann Ihrem Hund jedoch verschreibungspflichtige Substanzen verabreichen. Dabei können auch bestimmte Überempfindlichkeiten des Hundes berücksichtigt werden.

Untersuchungen haben gezeigt, dass verabreichter Knoblauch kein wirksames Mittel gegen Zeckenbefall ist.

16 Lagerung bei Notfällen

Das erfahren Sie in diesem Kapitel:

- Notfallgerechte Lagerung des Hundes
- Was bei einer Lagerung zu beachten ist

Diese Auflistung ist als Zusammenfassung von Lagerungen zu verstehen, wie sie auch in den einzelnen Kapitel angesprochen werden.

Über die Lagerung hinaus können Sie Ihrem Hund weitere Hilfe zukommen lassen. Welche das im einzelnen ist und wie die Lagerungen vorzunehmen sind, erfahren Sie in den entsprechenden Kapiteln.

(siehe auch „Annäherung an einen verletzten Hund" S.29)

Grundsätzliches zur Lagerung bei Notfällen
- Legen Sie den Hund nur in eine spezielle Lage, wenn er sich nicht zu heftig wehrt (anderen Falls drohen weitere Verletzungen und mehr Stress für das Tier)
- Bei Verletzungen in der vorderen Körperhälfte muss der Hund flach gelagert werden (nicht hinten erhöht)
- sind Sie sich nicht sicher, welche Lagerung die richtige ist, legen Sie einen bewusstlosen Hund flach auf die rechte Seite. Ein Tier, dass bei Bewusstsein ist, lassen Sie in der Haltung, die es einnimmt

Achtung!

Bitte drehen Sie einen Hund nicht über den Rücken (z.B. von der linken auf die rechte Seite). Dabei können Sie eine Magendrehung verursachen. Auch wenn es schwieriger ist, muss ein Hund über die Bauchseite (evtl. mit mehreren Helfern) gedreht werden *(siehe auch „Magendrehung" S.133)*.

Notfall	Lagerung	Bemerkung
Atemnot	Hund in der Haltung belassen, die er einnimmt	
Bewusstlosigkeit	• auf rechte Seite legen • hinten 10 - 15 cm erhöht, wenn Atmung und Puls vorhanden sind	
Brustverletzung (mit Fremdkörper)	• auf unverletzte Seite • flach lagern	
Brustverletzung (ohne Fremdkörper)	• auf verletzte Seite • flach lagern	Vorher Wunde steril abdecken
Herz-Lungen-Wiederbelebung	• auf rechte Seite legen • flach lagern • auf festem Untergrund legen	
Krampfender Hund (z.B. Epilepsie, Vergiftungen, Kopfverletzung)	Hund in der Haltung belassen, die er einnimmt	Schützen Sie den Hund vor Verletzungen in dem Sie Gefahrenquellen aus dem Weg räumen (z.B. Stühle, Tische, Fahrräder). Nur wenn es sich nicht vermeiden lässt, holen Sie den Hund aus dem Gefahrenbereich (z.B. Straßenverkehr)
Magendrehung	Hund in der Haltung belassen, die er einnimmt	
Schock	• auf rechte Seite legen • hinten 10 - 15 cm erhöht	Flach Lagern bei Verletzungen in der vorderen Körperhälfte
Zwerchfellriss	Hund in der Haltung belassen, die er einnimmt liegender bzw. bewusstloser Hund: • auf rechte Seite legen • vorne 10 - 15 cm erhöht	

17 Todeszeichen / Ende der Hilfsmaßnahmen

Das erfahren Sie in diesem Kapitel:

- Sichere und unsichere Todeszeichen
- Wie die Todeszeichen überprüft werden
- Wann Sie die Hilfsmaßnahmen einstellen können

Merkmale

(die aufgelisteten Merkmale treten nicht alle zeitgleich auf)

Merkmal	sicheres Zeichen	unsicheres Zeichen
Fäulnis	✓	
Leichenstarre	✓	
Nicht mit dem Leben vereinbare Verletzungen (z.B. Kopf abgetrennt, Rumpf komplett durchtrennt)	✓	
Totenauge 1. lichtstarre, maximal weitgestellte Pupillen 2. ausgetrocknete Hornhaut (glanzlos, faltig) 3. kein Hornhautreflex 4. Augapfel wird schlaff und sinkt ein	✓	
Totenflecken (blaurote bis violette Flecken / Streifen an den tiefstgelegenen Stellen)	✓	
Austrocknung (Augen, Hodensack, Fang, Nasenspiegel sind trocken und runzelig)		✓
Blasse Schleimhäute		✓
Kein Puls / Herzschlag		✓
Keine Atmung		✓
Keine Reflexe: 1. Zwischenzehen 2. Lid 3. Hornhaut		✓
Totenkälte		✓
Völlige Regungslosigkeit		✓

Maßnahmen

So erkennen Sie spezielle Todeszeichen:

Totenflecke
Nach dem der Kreislauf zum Stillstand gekommen ist, wird das Blut durch die Schwerkraft nach unten gezogen. Es sammelt sich an den Körperstellen, die am tiefsten liegen und auf denen der Hund nicht liegt.
Scheiteln Sie das Fell an diesen Stellen, werden Sie blaurote bzw. violette Flecken entdecken.

Fäulnis
Aufgegaster Körper, Haarausfall, grüne Flecken an den tiefstgelegenen Stellen (verfärbte Totenflecken). Die Haut lässt sich abziehen.

Leichenstarre
Je nach Umgebungstemperatur und Verfassung des Hundes vor dem Tod, tritt die Leichenstarre nach ca. 2 – 12 Stunden ein. Sie beginnt am Kopf und erstreckt sich über den gesamten Körper. Dabei werden die Muskeln starr und die Gelenke unbeweglich.

Nach ein bis zwei Tagen löst sich die Leichenstarre in Folge von Fäulnisprozessen wieder.

Lichtstarre, maximal weitgestellte Pupillen
Leuchten Sie in die Augen. Die Pupillen werden sich nicht wie gewöhnlich zusammen ziehen, sondern sehr weitgestellt bleiben.

Haben Sie keine Lampe zur Hand genügt es auch, die Augen mit der Hand für einige Sekunden zu bedecken und danach wieder zu entfernen.

Blasse Schleimhäute
Siehe „Der prüfende Blick" S.16
Bei einem toten Hund sind die Schleimhäute blass und blutleer. Hier besteht Verwechslungsgefahr mit einem Schock.

Keine Vitalfunktionen (Puls / Atmung)
Siehe „Atemkontrolle" S.17 bzw. „Pulskontrolle" S.17
Fehlender Puls und fehlende Atmung sind alleine gesehen keine eindeutigen Todeszeichen. Es besteht noch Hoffnung für Ihren Hund.

Wie Sie in einem derartigen Fall vorgehen müssen finden Sie im Kapitel „*Bewusstlosigkeit, Atem- / Herz-Stillstand*" S.69.

Totenkälte
Stirbt ein Hund, so kann sein Organismus keine Wärme mehr produzieren. Nach und nach passt sich die Körpertemperatur der Umgebungstemperatur an. Diesen Vorgang können Sie mit einem Thermometer überprüfen
(siehe „Messen der Körpertemperatur" S.19). Der Hund fühlt sich kalt an.

Bei einem unterkühlten Hund kann jedoch ein ähnlicher Effekt auftreten und zu Verwechslungen führen.

Reflexe

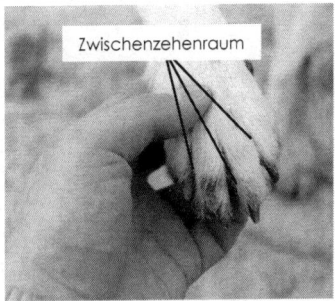

Kneifen Sie zunächst in die Haut zwischen den Zehen. Zuckt der Hund mit dem Bein, lebt er.

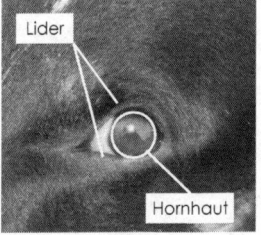

Reagiert der Hund nicht auf das Kneifen in den Zwischenzehenraum, können Sie nacheinander ein Augenlid und dann ggf. die Hornhaut vorsichtig berühren. Schließt der Hund bei einer der Berührungen (leicht) das Auge, lebt er noch.

Information

Bei der Ersten Hilfe für Hunde müssen Sie auch entscheiden, ob es noch Sinn macht, Maßnahmen anzuwenden bzw. fortzuführen. Zunächst sollten Sie Hoffnung walten lassen, denn einige Zustände eines verunglückten Hundes wirken hoffnungsloser als sie es in Wirklichkeit sind.

Bei der Todesfeststellung sollten Sie auf sichere Zeichen achten, denn die unsicheren Zeichen geben alleine keinen Aufschluss darüber, ob der Hund noch lebt. Beispielsweise hat ein Tier mit Herz- / Atemstillstand und fehlenden Reflexen durchaus eine Überlebenschance, wenn Sie schnell mit der Wiederbelebung beginnen.

Grundsätzlich sollten Sie zunächst mit den Erste-Hilfe-Maßnahmen anfangen, wenn Sie sich nicht sicher sind, ob der Hund noch lebt. Entdecken Sie allerdings eindeutige Todeszeichen, können Sie Ihre Bemühungen einstellen.

18 Notfallmanagement (grafische Übersicht)

Das erfahren Sie in diesem Kapitel:

- Reihenfolge der zu ergreifenden Maßnahmen bei einem Notfall

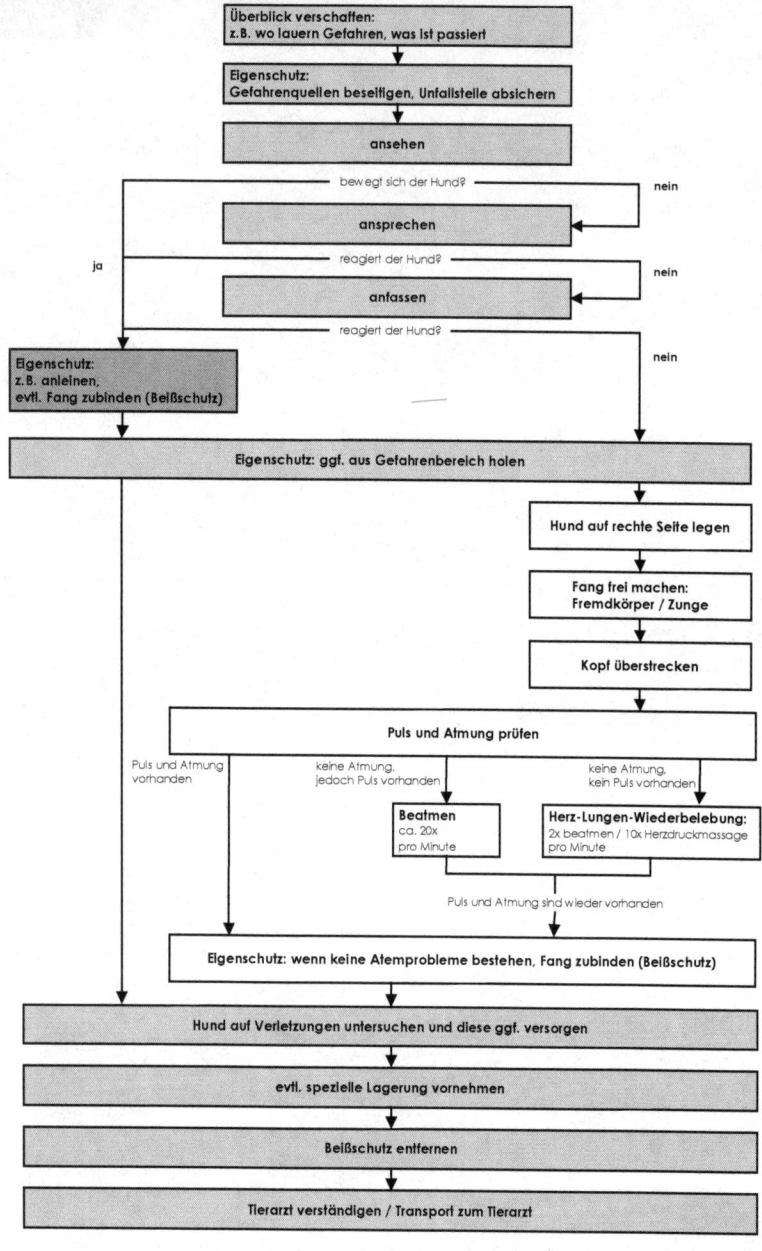

19 Anhang

Das erfahren Sie in diesem Kapitel:

- Literaturtipps
- Stichwortverzeichnis
- Kontaktadressen:
    - Rettungshundestaffel Bielefeld
    - So erreichen Sie den Autor

Literaturtipps

Axel Bogitzky
„Grundkurs Erste Hilfe für den Hund"
Ulmer, 2000

Frewein / Vollmerhaus
„Anatomie von Hund und Katze"
Blackwell Wissenschaft 1994

Bruce Fogle
„Die BLV Enzyklopädie der Hunde"
blv, 1999

Hildegard Jung
„Hundekrankheiten von A-Z"
Naturbuch, 1998

Frank Lausberg
„Erste Hilfe für den Hund"
Kosmos, 1999

Bernd Löffler, et al.
„Untersuchung zur Pharmakokinetik von Coffein, Theophyllin und Theobromin beim Hund"
In „Tierärztliche Praxis" 2/2000
Ausgabe Kleintiere / Heimtiere

Bernd Löffler, et al.
„Plasma- und Urinkonzentrationen von Coffein, Theophyllin und Theobromin nach Applikation von Kaffee, Tee und Schokolade bei Hunden und ihre Dopingrelevanz bei Windhundrennen"
In „Tierärztliche Praxis" 2/2000
Ausgabe Kleintiere / Heimtiere

H. Naegeli
„Erkennung und Management von Vergiftungen" (Skript)
Uni Zürich, 2000

Daniela Neika /
Manuela Eckenbach-Arndt
„Erste Hilfe am Hund"
Cadmos, 2001

Barbara Rustige
„Hundekrankheiten"
Kosmos, 1999

Thomas Steidl
„Notfallpraktikum Kleintiere"
Schlütersche 1999

Petra Ziemer
„Intoxikationen bei kleinen Haustieren durch Giftpflanzen" Teil 1 & 2
In „Kleintiermedizin"
1/99 und 2/99

Stichwortverzeichnis

3
3 A´s anfassen 70, 76
3 A´s ansehen 70, 76
3 A´s ansprechen 70, 76, 155
3-W-Methode 48, 49

A
Allergieschock 62
Antiseptikum 43, 138
Arnika 43
  -Tinktur 43
Atem
  -frequenz 15, 16
  -kontrolle 17, 70
  -weg(e) 76, 77, 163, 178
Atemstillstand 29, 60, 69, 104, 127, 145, 150, 154, 160, 177, 179, 194
Augapfelvorfall 89, 90, 93
Auge(n) 15, 89, 90, 92, 93, 172, 192, 193
Augenverband 91
Auto 22, 23, 54, 164
  -unfall 65

B
Babesien 184
Babesiose 180, 181, 184
Bauch 84, 104, 105, 108, 109, 110, 111, 112, 183
  -höhle 110, 111
  -raum 108, 109, 111, 136
Beatmen 69, 71, 76, 77, 78, 79, 131, 161
Becken
  -höhle 109, 110, 111
Benommenheit 62, 75, 102, 104, 145, 159, 166, 168
Betaisodona 43
Bewusstlosigkeit ..29, 60, 69, 75, 76, 102, 104, 105, 111, 127, 145, 150, 154, 159, 160,
    166, 168, 176, 177, 179, 189, 194
Blut
  -zufuhr 112, 130
Blutkreislauf 64, 138
Blutung 83, 88, 89, 94, 98, 99, 109, 172
  leichte 83
  starke 83, 144
Blutverlust 64, 66, 75, 82, 83, 130, 168, 184
borrelia burgdorferi 184
Borreliose 180, 184
Bruch 81, 107, 108, 120, 129
Bruch / Brüche
  offen 107, 121
Brustverletzung(en) 104, 109, 189

C
Coldpack 41, 45, 87, 89, 90, 92, 94, 178

D
Darm 111, 136, 137, 139, 167
dekontaminieren 162
Desinfektion 83
Druckverband 83, 84, 99

E
Epilepsie 155, 156, 158
epileptisch 156
Erfrierung(en) 141, 148, 149
Erfrierungsgrad 149
Erschöpfung
  -szustände 147

F
Fang
  zubinden 31, 41, 44, 124, 135
Fäulnis 192, 193
Fieber 109, 180, 181
Fremdkörper 41, 77, 83, 90, 94, 100, 107, 108, 125, 126, 127, 128, 129, 130, 131,
                138, 144, 178, 189
Frühsommer-Meningoenzephalitis 180, 184
FSME 180, 184

G
Gewebe 112, 143, 144, 148, 149, 167, 172, 173
Gift 26, 75, 158, 162, 163, 164, 167, 177, 178
  -aufnahme 160, 162, 164

H
Herz 19, 64, 78, 79, 107, 144, 189
  -verletzung(en) 104
Herzdruckmassage 69, 71, 76, 78, 79
Herz-Lungen-Wiederbelebung 76, 79, 189
Herzschlag 18, 78, 192
Herzstillstand 29, 60, 69, 104, 127, 145, 150, 154, 160, 177, 179, 194
Hitzeeinwirkung 22, 144, 147
Hitzschlag 75, 141, 145, 147
Hornhaut 90, 92, 192
Hundedecke 23

I

Injektions-Kanüle 43, 135, 139
Injektionsnadel
 siehe Injektions-Kanüle 138
Insekt(en) 27, 177, 178
Insekten
 -stich(e) 176, 177

K

Kochsalzlösung 44, 83, 89, 110
Koma 75, 76
Kopfverletzungen 102
Körpertemperatur 15, 19, 111, 147, 151, 152, 194
Krampf 154, 159, 168, 180
Krampfanfälle 75, 102, 153, 155, 169

L

Lagerung 105, 109, 187, 188, 189
Lauge(n) 173
Leber 111, 136
Leichenstarre 192, 193
Leine 22, 24
Lunge 19, 77, 78, 107, 138

M

Magen 14, 111, 126, 130, 131, 134, 135, 136, 137, 138, 139, 163, 167, 173
Magendrehung 43, 75, 76, 133, 134, 136, 137, 139, 140, 189
Milz 111, 136
Muskulatur 70, 75, 76, 112, 155

N

Nachbrennen 144
Niere(n) 111
 -versagen 158
Notfallmanagement 197
Notfalltasche 39, 45
Notruf 47, 48
 3-W-Methode 48, 49

O

Ohnmacht 75
Ohr(en) 15, 62, 94, 98, 99
Ohrenverband 95, 97
Organ(e) 107, 108, 109, 110, 111, 112, 130, 136, 138, 173
    Darm 111, 136, 137, 139, 167
    Leber 111, 136
    Lunge 19, 77, 78, 107, 138
    Magen 14, 111, 126, 130, 131, 134, 135, 136, 137, 138, 139, 163, 167, 173
    Milz 111, 136
    Nieren 111

P

Pfotenschuh 41, 45
Pfotenverband 115
physiologische Kochsalzlösung 92, 111, 114
Pinzette 41, 45, 92, 177
Puls 17, 62, 71, 75, 77, 78, 104, 168, 169, 181, 189, 192, 194
    -frequenz 15
    -kontrolle 17, 70, 77, 78, 194
punktieren 134, 135, 138

R

Reflex(e) 70, 76, 192, 195
Rettungsdecke 45
Robert-Jones-Verband 121, 122, 124
Rumpfverband 106

S

Sauerstoffmangel 75, 77
Säure 167, 173
Säure(n) 167, 173
Schleimhäute 15, 70, 104, 159, 176, 178, 194
    blasse 62, 87, 104, 169, 181, 192, 194
Schock 61, 63, 64, 65, 104, 109, 111, 113, 143, 144, 147, 149, 151, 158, 168, 176,
    178, 189, 194
Schockanzeichen 87, 88, 134, 142
Spielzeug 24
Sport 22

T

Taumeln	62, 102, 145, 168
Temperatur	19, 148
Thermometer	19, 194
Todeszeichen	191, 193, 194, 195
Totenauge	192
Totenflecke	193
Totenkälte	192, 194
Trage	57
Transport	51, 52, 54, 55, 56, 57, 59, 60, 110, 144, 168
transportieren	102, 144
Trommeleffekt	134

U

Unfall	15, 111, 112
Unterkühlung	63, 75, 141, 150, 151, 168
Urin	15, 109, 111, 154, 159, 167, 169, 181
-absatz	15, 62, 109, 168

V

Verätzung	171, 172, 173
Verband	
Augenverband	91
Druckverband	83, 84, 99
Ohrenverband	95, 97
Pfotenverband	115
Robert-Jones-Verband	121, 122, 124
Rumpfverband	106
Verbandtuch	42, 83, 121, 143
verbrannt	144
Verbrennung(en)	141, 142, 143, 144, 161
verbrüht	144
Verbrühung(en)	141, 142, 143, 144
Vergiftung	63, 143, 158, 164, 170
Vitalfunktion(en)	161, 194

W

Wunde(n)	
offene	82
Wundkompresse	83, 89, 90, 92, 99

Z

Zahnfleisch	16
Zecke(n)	175, 179, 180, 182, 183, 184, 185
-biss(e)	175
Zerrung(en)	81, 120
Zwerchfell	108
-riss	104, 105, 108, 189

Info Rettungshundestaffel

Bielefeld:

Wenn Sie sich für die Rettungshundearbeit interessieren sind Sie hier an der richtigen Adresse:

Dr. Siegfried Kätsch

Lessingstr. 10 Fon: 05 21 / 17 19 87
33604 Bielefeld mobil: 0 172 / 56 32 22 3
                 Fax: 05 21 / 13 67 50 2

Marion-Vera Eckey

Reutlinger Weg 11 Fon: 05 21 / 14 04 49
33659 Bielefeld   mobil: 0 171 / 34 17 45 3

Danke für die Hilfe

ⓘ *Hinweis*

Die Alarmierung ist kostenlos.

Alarmierungsmöglichkeiten:

Leitstelle Feuerwehr Bielefeld
05 21 / 19 222

direkt bei der Staffel
0 172 / 56 32 22 3
oder
0 171 / 34 17 45 3

Holger Möller

Fon: 0 700 – 100 22 333
e-mail: Service@Hunde-Hunde.de
Web: www.Hunde-Hunde.de

Hier finden Sie:
Seminar- und Vortragstermine
Angebote
Literaturempfehlungen
Surftipps
Artikel
Pressemitteilungen
und vieles mehr

Hinweis

Falls Sie Fragen oder Anregungen haben, nehmen Sie bitte mit mir Kontakt auf.

Ich stehe Ihnen ebenfalls gerne für Vorträge und Seminare zur Verfügung.